垂钓全攻略

——饵料篇

蒋青海 编著

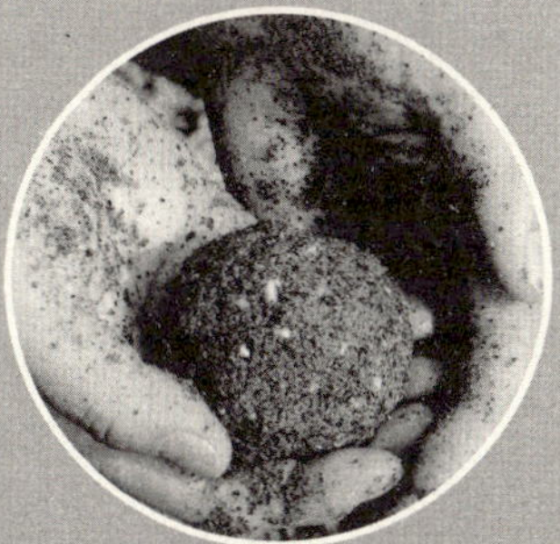

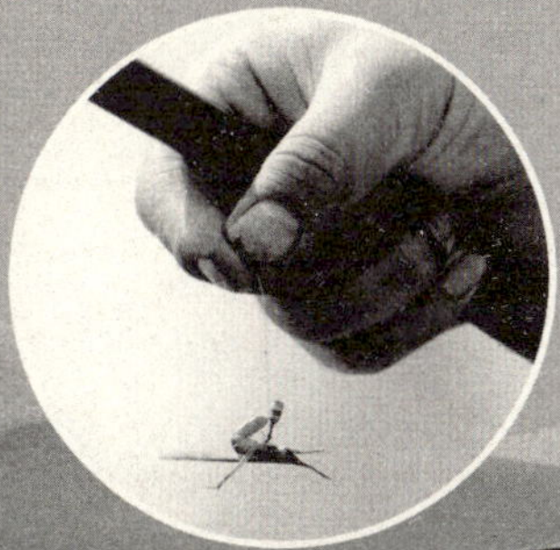

上海科学技术文献出版社
Shanghai Scientific and Technological Literature Press

图书在版编目（CIP）数据

垂钓全攻略——饵料篇 / 蒋青海编著．—上海：上海科学技术文献出版社，2015.1
ISBN 978-7-5439-6254-5

Ⅰ．① 垂…　Ⅱ．①蒋…　Ⅲ．①钓鱼（文娱活动）—基本知识②钓鱼—（文娱活动）—饵料—基本知识　Ⅳ．① G897 ② S963

中国版本图书馆 CIP 数据核字（2014）第 115266 号

责任编辑：梅雪林　胡德仁
封面设计：钱　祯
插　　图：裴进义　隋秉涛

垂钓全攻略——饵料篇
蒋青海　编著
出版发行：上海科学技术文献出版社
地　　址：上海市长乐路 746 号
邮政编码：200040
经　　销：全国新华书店
印　　刷：常熟市人民印刷厂
开　　本：650×900　1/16
印　　张：10
字　　数：129 000
版　　次：2015 年 1 月第 1 版　2015 年 1 月第 1 次印刷
书　　号：ISBN 978-7-5439-6254-5
定　　价：19.80 元
http://www.sstlp.com

前　言

300年前，英国钓鱼大师爱扎克·沃尔顿曾预言：钓鱼将成为全世界人民广泛喜爱的运动。如今，垂钓活动已如大师所预言那样开始风靡全球，这项有益于身心健康的体育活动已日益受到人们的青睐。现代社会的竞争激烈使生活节奏加快，都市人压力剧增，越来越多的人开始走向河边、湖畔，享受生机盎然的野外生活情趣，领略赏心悦目的湖光山色，而垂钓恰恰可以让乡野的清风吹走城市的喧嚣，这也是垂钓魅力难以阻挡的原因之一。

当您真正体验垂钓活动时会发现：垂钓并不是一种一根钓竿、一把饵料、一池塘水组成的简单活动，它是融水文、气象、地表地貌、生物等多种知识于一体的综合性体育活动，不可小觑。垂钓是一项系统工程，其中各个环节因素都相互影响相互作用，最终影响垂钓成果。

在垂钓众多相关环节中，饵料毋庸置疑是占举足轻重的地位。

俗话说得好：“鱼儿不张口，神仙难下手。”在很多钓鱼杂志和报刊上也都设有“钓饵专栏”，这足以可见饵料在钓鱼环节中的重要性。目前，市场上关于钓鱼技巧的科普图书种类很多，但单单就垂钓饵料进行分析解说的图书并不常见。钓饵的选择、配制和使用是一个异常复杂的问题，涉及的因素及变化有时让人无所适从。打个比方：不同的鱼类有不同的食性，即使同一鱼类在不同的时间、不同的水域，也有不同的食性。有人说，钓饵是一门科学，这不无道理。为了满足广大垂钓爱好者对饵料知识的深入了解与探索，让垂钓成果更丰硕，笔者将多年的垂钓

用饵经验、私家珍藏的用饵配方和资料毫无保留地奉献给广大垂钓爱好者，让我们共同享受垂钓带来的美好感觉。

《垂钓全攻略——饵料篇》一书，从鱼类的食性、生理特性及摄食行为等入手进行解说，做到“知己知彼”。接下来对淡水垂钓的诱饵、钓饵种类、制作、养殖方法、使用策略等进行了阐述。钓鱼是一项复杂的综合性运动，季节的变化也对饵料要求产生影响，本书也更辟出一个章节，专门阐述一年四季的用饵变化，可谓用心良苦。在书中最后两个章节，笔者精心挑选了实用易制的诱饵、钓饵配方各60例，以满足广大垂钓爱好者实际操作的需要。在本书编纂过程中得到蒋婕、裴进义、高敏、蒋来运、蒋志伟、郭维正、林云秀、隋秉涛、蒋良贵、李淑君等大力支持与帮助，在此一并表示衷心的感谢。

衷心希望：《垂钓全攻略——饵料篇》一书能为您的垂钓活动助一臂之力，让您收获更多的丰盛成果。让我们一起投身青山绿水的怀抱，漫步山河湖畔之间，与自然共呼吸，享受垂钓带给我们身心的愉悦吧！

蒋青海

目　录

垂钓多情趣

垂钓多情趣

一、鱼类的生理特性

要想成为一名钓鱼高手，就应当对鱼的各方面有所了解，或者说大体上有些认识。对这个问题，可能有些人会有不同的看法。因为对于鱼，任何人都很熟悉，从小到大，看过和吃过的鱼已经有成百上千，印象已很深刻。但是，如果提出一些具体问题来问一下，恐怕就未必能回答得出来了。

比如鱼的眼睛，能看多远的物体？鱼的听觉灵敏度有多高？鱼是靠什么器官来辨别食物滋味的？等等。更何况，不同的鱼有不同的习性，其视觉、听觉、味觉等都不尽相同。所以，如果不分水域、不论钓哪一种鱼，都用同一种钩、同一种饵和同一种方法去钓鱼，那么，收获肯定是不会很大的。

1. 了解鱼类生理特性的必要性

“知己知彼才能百战百胜”，这古训说的是干任何工作，都必须对对方有充分的了解，做起来才能得心应手，有良好的结果。对钓鱼者来说，首先应掌握所钓鱼的习性，知道这种鱼有哪些生理特点，爱吃什么，其视觉、听觉灵敏程度如何，喜欢在什么环境中栖息，等等。钓鱼爱好者只有了解、掌握了各种鱼的习性及其生理功能后，在实践中才能有比较满意的收获。

——钓鱼者知道某种鱼有较灵敏的听觉，那么在钓这种鱼时就会说话小声、走路脚步轻盈，否则会被鱼听见而把鱼吓跑。

——鲤鱼有一种特别的食性，它喜欢吃新鲜的牛粪，钓鱼者知道后，可以用新鲜牛粪掺点麦粒和面粉制成钓饵来钓鲤鱼，而不会用牛粪去钓其他鱼。

——当钓鱼者知道草鱼的主要饵料是嫩草，也兼吃其他动物饵料

时，钓鱼者就会有针对性地用嫩草扎起来去钓草鱼，而如果用此法去钓其他鱼，将会徒劳无功。

——各种鱼类都有不同的喜好。有些鱼喜欢栖留在水底，如果把饵钩下在水的中、上层，就很难钓到鱼。如鳌条鱼喜欢浮在水面上掠食，如果把饵钩放入深水区，就钓不到这种鱼。

——起初，人们以为鲢鱼是一种钓不到的鱼类。后来，人们慢慢了解、掌握了鲢鱼的食性，知道它爱吃带点酸味、酸甜和酸臭味的食物。垂钓者投其所好，用这类食物去钓鲢鱼，结果一天能钓到几十千克。

——鲶鱼害怕阳光，大晴天都躲在阴暗的石缝或浓密的水草中，只有晚上或阴雨天才出来。如果在大晴天去钓鲶鱼，那肯定会一无所获，空手而归。

2. 鱼类的基本结构

鱼的身体由头部、尾部和躯干三大部分组成。鱼有鼻孔，但不能用来呼吸，而只有嗅觉；鱼有眼睛，但目光短视，看不远。鱼的头部没有外耳，只有内耳，其内耳不仅能听声音，而且有平衡身体和感知大气压变化

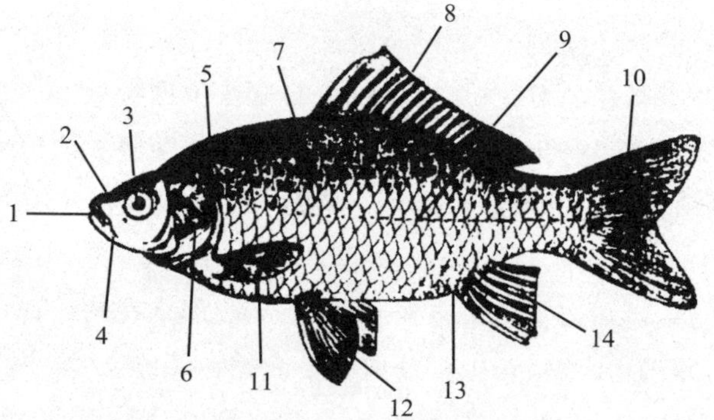

图1　鱼的外部形态图

1. 口(吻)；2. 鼻孔；3. 眼；4. 须；5. 鳃孔；6. 鳃盖；7. 鳞片；8. 背鳍；9. 侧线；10. 尾鳍；11. 胸鳍；12. 腹鳍；13. 肛门；14. 臀鳍

的作用。

鱼没有肢脚，全靠用鳍来作运动器官。其胸部的一对胸鳍起着前肢的作用，腹侧有一对鳍，起到后肢的作用，除胸鳍和腹鳍外，还有背鳍、臀鳍和尾鳍。这些鳍在水中起着船桨的作用，决定鱼体的前进、后退、上浮、下沉或向左、向右转弯的活动。鱼体外表的一层鱼鳞，起着保护鱼体的作用。此外，鱼有一种陆生各种动物所没有的感觉器官——大多数鱼的身体两侧各有一条侧线，专司感知水的流动、振动、声音和压力，这是鱼所特有的生理结构。

在常见的鱼中，一般都没有牙齿，却在咽喉部生有一对咽齿，专管磨碎食物之用，但它没有咀嚼的功能，只有防止被捕获的食用小动物逃脱的功能。有些鱼有胃，也有些鱼没有胃。

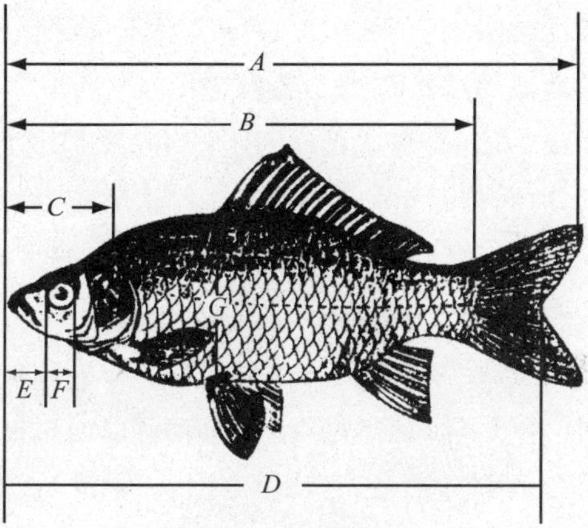

图 2　鱼的测量图

A. 全长；*B*. 体长；*C*. 头长；*D*. 叉长；*E*. 吻长；*F*. 眼径；*G*. 体高

鱼头的内部都有一个鳃，鳃中红色丝状物在水中可以充分展开，以吸收水中的氧气，并通过血管把体内各部分的二氧化碳排放出体外，实际上起着代替肺的呼吸作用。雌性鱼和雄性鱼的肛门后边都有一个生殖孔，作为雌鱼排卵、雄鱼排精液的器官。

3. 鱼类的视觉功能

钓鱼者了解、掌握鱼的视觉功能是很重要的，因为必须知道在什么程度上才能让鱼看见钓饵，但又不能让鱼看清楚鱼饵上面还有一根线连着，更不能让鱼看出钓饵里还有一个可怕的鱼钩。如果被鱼看清楚了，鱼就会逃之夭夭，再也不会吞饵了。

鱼是有视觉功能的，只是由于鱼眼的晶体呈圆球形，缺乏弹性，所以比较近视；但决不可因此而对鱼的视力作过低的估计。因为鱼会通过鱼眼晶体后面镰状突起部（肌肉）对晶体和视网膜之间距离进行调节，视力是可以增强的。也就是说，鱼眼中的晶体，原本是由一小条能收缩的肌肉联系在视网膜之前的，如果鱼需要看比较远的物体，这条肌肉就会紧缩，把晶体拉近视网膜。这样就可调整焦距，使鱼的眼睛可以看到较远的物体了。不过，这种调节的速度各种鱼是不同的，一般来说，肉食性凶猛的鱼种比草食性的草鱼等温驯鱼种来得快。

有人经过实验后证明，有些鱼，特别是海鱼眼睛焦距的调节可以进行得很快，因而可以看得很远。如黑鲷鱼，在水质正常时能看到 10 米以外的食物。但有些鱼，如淡水鱼中的鲑鱼，能看清物体的距离一般不超过 30～40 厘米。

了解鱼的视觉情况和钓鱼有关系吗？有。首先我们知道，过分清澈的水不利于垂钓，虽然多数鱼是近视的，但却可以通过调节看得较远，如果让鱼看到钓线和饵中有钩，鱼儿就不会上钩了；此外，过于浑浊的水也不利于钓鱼，因为在这种水中，鱼看不见钓饵，也就没有鱼能上钩了。

4. 鱼类的曲射视力

上面说到，鱼虽然近视，但可以通过调节晶体与视网膜的距离而看得较远。此外，鱼还有更重要的曲射视力。简单地说，在风平浪静时，水面就像一面镜子，光线射到水面时，会产生折射，可以使水下的鱼看到岸上的各种物体以及鱼下方的物体。在这样的情况下，垂钓者抛下的钓线会让水底的鱼觉得在水面“镜子”上出现一条裂痕,或“镜子”上映出一条阴影,从而警觉起来。所以,在风平浪静、天气晴朗的条件下,垂钓者要特别注意,尽量做到以下几点:

① 钓鱼者不应穿白色、黑色、黄色、蓝色等与周围环境截然不同颜色的衣服,也不要戴会反光的帽子。

② 应尽量减少在岸边站立或行走的次数。钓鱼者的身姿应尽量取低位,切忌站立,坐姿较好,伏卧最佳(美国垂钓者常以匍匐的方式爬向溪边,以平卧姿式钓鱼)。

③ 钓线不宜过粗,线色应与水色相近。

④ 坠子最好用细长形的,体积应尽量小。

⑤ 下钩时,应将钓饵抛到距鱼群较远些的水中,然后缓缓地拉至鱼群附近。

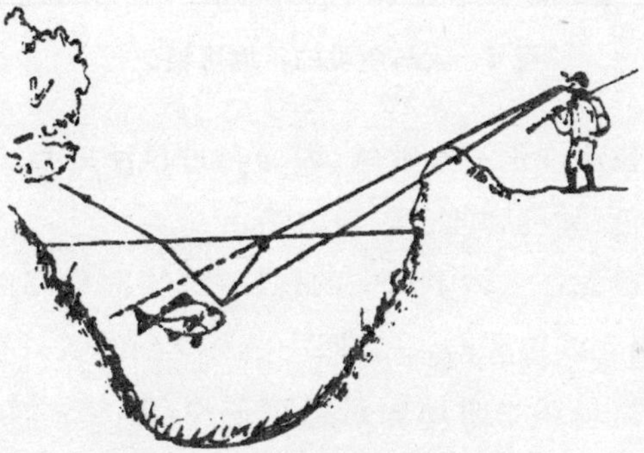

图3 人藏起来也会被鱼发现

鱼的视野可达95度的范围,所以它能看到藏在石块后面的人

5. 鱼类有没有色感

钓鱼者很关注钓饵的颜色,很希望给钓饵加上一层对鱼类有吸引力的颜色,以吸引鱼儿来吞饵上钩。

解剖学表明,大多数鱼是能够分辨颜色的,因为鱼眼中的圆柱细胞可以在较强的光照下起到视觉作用，并能分辨不同波长的颜色。只有鲨鱼不能，它只能分辨黑、白两种颜色；海洋深水层中的鲷鱼也不能分辨颜色。但鱼是生活在水中的，它在水中所观察到的物体颜色与空气中是不同的。水对光来说起着滤色作用，当光线进入水中到达水中物体前，已有一部分被吸收掉，剩下的光从物体表面通过水体反射到鱼的眼睛里，光的颜色又再一次被过滤，所以鱼所感受到的颜色已不是人在岸上所看到的颜色。

图4　人与鱼类的平均可视波长

一般来说，鱼对红色不太敏感，因为经过过滤之后，红色已不鲜明。但鱼对黄色、紫色、绿色和蓝色较为敏感。

在黄昏时，最先在水体中消失的是红色，其次是橙色、黄色，最后是绿色和蓝色。当光线再弱时，在鱼眼中所感觉到的就只有黑、白两色了。

夜间钓鱼时，虽然当时地面是黑暗一片，但天空仍是有些明亮的。此时如果选用灰色的钓饵，在放入水中的过程中容易被鱼发现；但如果能在钓钩的钩柄上涂一点夜光粉就会有一定的效果。

6. 鱼类有怎样的运动视觉

鱼不仅有视觉，而且有运动视觉。运动视觉就是它能感受到物体的移动。这种运动视觉是鱼类视觉的一个重要特征。即使在深水层中或光线很差的环境里，在鱼周围产生微小的动静，都能引起鱼的注意，靠的就是鱼的这种运动视觉能力。

任何物体在鱼周围的运动，对鱼都会产生两种信息反映：一是有食物，鱼会本能地游过去，吞食它；二是危险的敌人，鱼会尽快地游动逃避。

许多钓鱼者都有这样的经验：钓鲫鱼时，用活蚯蚓最能引起鱼的注意而前来吞食。如果在下钩后较长时间不见动静时轻轻地移动一下鱼竿和钓钩，就能引起鱼的注意，并前来吞食。有经验的钓鱼者还发现，那些肉食性的凶猛鱼类对水中移动的物体特别敏感。

鱼在水中对运动物体的视觉，还具有另一方面的特点：鱼在运动过程中，能够不断观察视野远处出现较大的阴影、侧影或光点，并迅速作出反应。

鱼的视觉能力随着光照水平的增大而增大，其运动视觉能力也与此成正比例关系。此外，鱼类还有一种阴影反应能力，即鱼类在运动中对同样也在运动的巨大阴影会产生趋向性反应。如在木排的阴影、船的阴影下，常常会成为鱼类的聚集之处。

7. 鱼类的嗅觉灵敏吗

鱼类的嗅觉比较灵敏。有很多鱼，相隔很远就能嗅出它所喜欢吞食的饵料。不仅如此，鱼还能嗅出来自水中的敌害而及时逃避。所以，嗅觉对鱼类生活和繁衍有着十分重要的作用。当然，不同的鱼其嗅觉灵敏度并不相同。有些种类的鱼具有十分灵敏的嗅觉，即使在很大的湖泊中滴入一滴乙醇（酒精），敏感的鳗鱼都可以嗅得出来。

有经验的钓鱼者认为：用酸臭的饵钓鲢鱼和鳙鱼，比较容易引诱它们上钩，这就是利用了鱼的嗅觉的结果。

鱼的嗅觉器官鼻孔都有两对，其下方是鼻囊，当鱼在水中生活时，水从前鼻孔进入鼻囊，从后鼻孔排出。有些软骨鱼类只在头部侧面有一对鼻孔，但嗅觉也不差。

鱼的嗅觉和水流有密切的关系，水流对鱼类感受物体的气味有着重要的影响。当水很快通过鱼的鼻孔时，鱼就能嗅出水中的物质。一些靠嗅觉去感知食物所在的鱼类，常常是借助于水流快速进出鼻孔而感知的。想要掠食的鱼，大都逆流游水，因为只有这样才能通过水流嗅出前方是否有食物可觅。

嗅觉对鱼来说一般有两种作用：①感知不远处有食物，然后使用其视觉去寻觅食物的所在；②若气味是随着稳定的水流而来，鱼就会继续利用嗅觉去追踪气味的来源。科学家经试验获知，鱼的嗅觉与视觉有一定的互补作用。将几种鱼的鼻孔堵塞起来，再放入水中喂食，结果发现：大多数鱼在失去嗅觉的情况下仍然能够吃到食物，这就说明在失去嗅觉的情况下，还可以依靠视觉去接近并吃到食物。

通常钓到的那些鱼是以视力看见钓饵的，但嗅觉有时对鱼更为重要，因为嗅觉可以闻到较远处的食物。对钓鱼者来说，最理想的是：选用有一定香味且容易被鱼看到的钓饵。这样既能让远处的鱼闻到它的气味，又能让其看得见，这对于钓鱼者获得成功就更为有利了。因此，有经验的钓鱼者总结出了一些经验：夜间钓鱼要偏重钓饵的气味；白天钓鱼要根据水的浑浊程度和所钓鱼的喜好，既要注重钓饵的气味，也要注重钓饵的颜色。行家有一句经验谈，叫作“水清重色，水浑重味”。

8. 鱼类能分辨食物的滋味吗

许多有经验的钓鱼者通过多种试验都证明，鱼是有味觉的。鱼的味觉器官有味蕾与自由末梢两种类型。但鱼的味蕾和人的味蕾生长的部位不同：人的味蕾只限在舌及颚的部位；而鱼的味蕾却是生长在口、唇、咽喉、鳃部和吻部等处的表皮中，在牙齿中间、口腔内外及触须上都有，有的还遍布全身。有些鱼甚至在鳍上也有味蕾。因此，鱼类不像人或其他陆生动物非得用舌直接接触某种物质才能辨出味道，而是只要接近或接触食物，不用张口，就可以感受到食物的滋味。

钓鱼者了解这点非常重要。因为大多数鱼只要用嘴稍接触一下钓饵，或通过水流接触到由钓饵上散落下来的一点碎屑，就知道饵料好吃不好吃，如果觉得不好吃，就会掉转头缓缓地游开去。

根据观察，鱼吃食物（钓饵）一般都要经过这样几个步骤：

① 食物的气味引起鱼的注意。

② 鱼向气味来源的方向去追寻。

③ 接近食物时，先用吻、嘴唇或触须去碰触一下，试探食物的味道如何。

④ 如果觉得味道不好或不适合它的口味，就会慢慢掉头游离食物所在地；若认为可口，就会将食物摄入口中。

钓鱼者应该掌握：杂食性和草食性的鱼，如鲫鱼、鲤鱼、鳊鱼、草鱼这类鱼，味觉是比较灵敏的，对钓饵的口味有较高的要求，这类鱼对酸味和苦味都反感，而对香味和甜味有好感；因此，选用有香味和甜味浓的新鲜饵料，收获就会好得多。

鱼，味觉是否灵敏大体上有两类：一类是吃食很谨慎的鱼，它在食前谨慎而多疑，先尝后吃，甚至反复尝试后才最后决定取舍，这类鱼当然是属于味觉灵敏的一类鱼；另一类是饥不择食，莽莽撞撞，见饵就吞的鱼，大多是缺乏味觉功能或味觉迟钝的鱼类。钓鱼者想要钓前一类鱼，用饵最好要注重有香气和味道好的；而钓后一类的鱼，钓饵要特别注重外形和颜色。

9. 鱼类有怎样的触觉功能

鱼类还有一种触觉功能，这是鱼的第二听觉器官。鱼的侧线和触须是触觉器官。鱼的侧线和触须是动物界中其他动物所不具有的。侧线在鱼体的两侧，由鱼体两侧各一串小黑点连接而成，是贯通头尾的一条虚线。构成侧线的各鳞片中央小孔（即黑点）在皮下有横沟相通，里面分布着神经末梢，成为鱼的另一种重要的感觉器官。它的主要功能是感受水下的低频振动音波。当鱼要测出声源的准确位置时，除依靠其听觉外，还要由侧线来加以辅助，弥补视觉和听觉的不足。

人们对生活在深水中的鱼类会产生一种疑问：在深水中，黑暗得简直没有光线，鱼是靠什么在水下自由游弋而不碰撞到其他物体的呢？鱼又是怎样辨别方向，怎样觅取食物的呢？其实，靠的就是侧线的触觉作用。

当人们将钓饵和坠子投入水中时，水面立刻形成一圈圈向外扩散的水波纹，当波纹接触到鱼的侧线时，鱼就能感知到有物体投入水中，并能

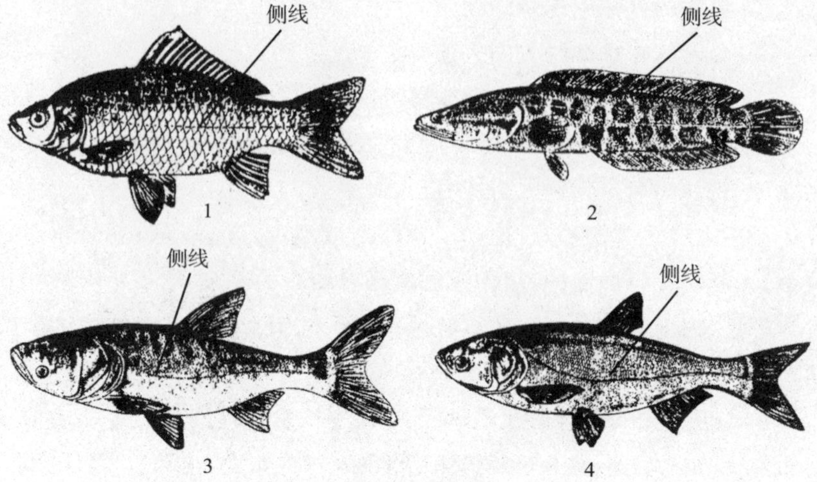

图5　鱼类的侧线

1. 鲫鱼;2. 乌鱼;3. 鳙鱼;4. 鲢鱼

感知它的方位和距离。

由此可知,鱼借助它的内耳和侧线的交互作用,可以感受出水中、哪怕是很细微的动静。如果池塘或溪流边钓鱼者的谈话声比较轻不超过20分贝,则对鱼不会产生影响,因为水面会把绝大部分的声音反射回空中;如果发出喊叫声或大声说话,或者是高大的人体移动,鱼就会产生警觉,甚至逃避,对垂钓造成不利影响。

10. 鱼类的听觉如何

鱼是有听觉的。它也有耳朵,不过鱼的耳朵不像高级动物那样露在外面。它没有耳膜和对外的开口,但有个内耳,耳内有听斑,不仅能听到声音,而且有耳石,可以调节身体平衡,感受气压的变化和声波的震动。在这方面,鲤鱼的听觉比其他鱼更灵敏。

鱼在水体中能感知高低不同频率的音波,并能及时识别声源的方向和位置,能分辨出是否有危险,是否有食物的信息,是否有求偶的信息。

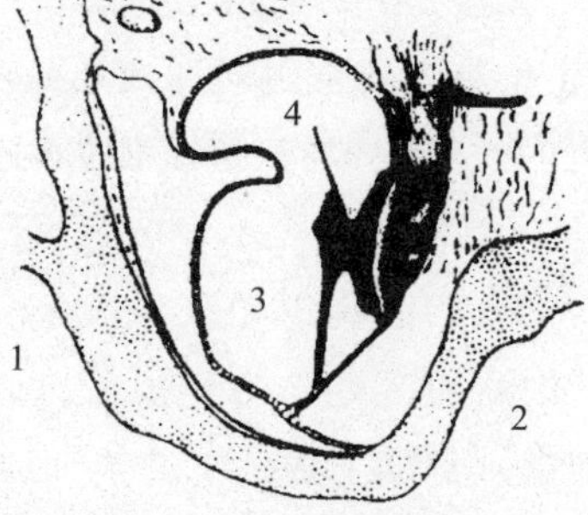

图6　鱼类的内耳

1. 外侧;2. 内侧;3. 小囊内耳室;4. 内耳室里的耳石

鱼的听觉灵敏度极高,在能见度很差的情况下,如水质浑浊或黑暗的夜间,鱼的听觉最能发挥作用。它的听觉频率范围比人要大得多。当一群飞鸟从几十米的高空掠过,或从百米以外传来敌害的声波信息时,鱼能够立即采取应急的措施和对策,或潜入水底,或远远逃遁。

更能说明鱼的听觉灵敏的事实是:当鱼所爱吃、很微小的动物在不远处活动时,尽管声音非常小,鱼也能听得见,它可以追寻发出声音的水域去吃这些小动物。

对钓鱼者来说,应该了解的是,当鱼钩落水发出声音时,可能会产生两种结果:一种是这种声音使鱼受到惊吓,因而立刻逃走;另一种结果是这种声音对鱼产生诱惑力,引起鱼前来觅食、上钩。需要掌握的是:所发出的声音不可太响(即频率过高),否则就会把鱼吓跑。必须学会让钓钩落水时能产生适度频率,即发出大小适度的声音,使鱼不但不受到惊吓,反而产生好奇而前来吞饵。

常常有这样的情况:一个昆虫掉落在水中,因翅膀潮湿了飞不起来,在水面上进行挣扎,而这种挣扎所发出的声音,对于溪流、池塘中的淡水鱼有着较大的吸引力,很能引诱鱼前来觅食。相反,如果一件物体或者是钓钩落水时发出频率过高的声音,就会使鱼受到刺激而逃避得远远的。

有些缺少经验的钓鱼者，当发现池塘或溪流中有成群的鱼在跳跃戏游时，喜出望外，急急忙忙就把钓钩甩向那鱼儿成群的水域，结果不仅无鱼上钩，反而把鱼吓得四散奔逃，甚至过了很长时间也没有鱼再到这个水域来了。

有经验的钓鱼者都懂得，放钩饵和坠子入水时，应尽量避免力量过重和急于投入。他们懂得，投入钓竿时要控钩，即在投甩后，当钩、坠子即将落到水面时，及时轻轻地向上提一下钓竿，以减缓坠子落水的速度，让钩和坠子尽可能缓慢地落下，避免产生较大的声音；落下的声音如大小适当，还可以引起鱼儿向发出声音处靠近，达到诱鱼的目的。

还有一种常用的方法是，在向钓点抛钩时，把钓饵抛在离造窝点稍远一些的地方，等到钓饵入水后，再顺势慢慢将钓钩拖到钓点的位置上。如果停一会还无鱼上钩，用同样的方法再做一次，这样往往能引诱鱼儿循着声音前来吞钩。

二、鱼类的摄食行为

鱼的摄食行为和在陆地上生活的各种动物都不同，这可能是生活环境的不同而产生的差异。

鱼的摄食行为有多种，但大多数都用以下两种方式摄食：

1. 吸入式摄食行为

这类鱼一般比较平和温顺，而且以杂食性鱼居多。它们一般借助呼吸运动来摄食浮游在水面上的饵料，即把嘴张开，让水流和饵料一起吞入口中，然后把水从鳃盖下面排出，而把饵料滤留摄食。鲤鱼、鲫鱼等鱼类就是用这种方式摄食的。

钓鱼爱好者了解这一点非常重要。如果你想要钓这类杂食性的鱼，最好把钓线上的坠子调整得与鱼钩稍有距离，不要让装了饵、带铅坠的鱼钩沉于水中太深，否则，就不容易引诱这类杂食性的鱼儿上钩。

图7　鱼食饵的形式

1. 吸入式（试探型）：如鲫鱼、鲤鱼等，它们靠鳃呼吸和吸饵时，发觉有异味会马上吐出；2. 啮碎式（前冲式）：如鲶鱼、鳜鱼、黑鱼、狗鱼等，它们牙齿坚固，摄饵时像要连饵带钩一起咬碎一样

2. 啮碎式摄食行为

这类鱼一般都是性情比较凶猛的肉食性鱼类，具有攻击性，游动能力强，速度快，体力充沛，牙齿锋利而发达，动作灵敏，具有较强的杀伤力。它们不仅捕食水中生活的各种小动物，而且还要捕食较小的鱼类，甚至捕食螺蛳、小蟹类，连它们坚硬的外壳也一并咬嚼后吞入腹中。

这类鱼在发现前方有摄食对象时，常常会用极快的速度冲上前去，一口就把对方咬死或咬伤，然后从容地吞而食之。

这类鱼在海洋中有鲨鱼、马鲛鱼、带鱼等；淡水中有鳡鱼、鲶鱼、乌鳢、狗鱼、哲罗鱼等。

三、常见淡水鱼类的食性

钓友们都知道，鱼类对饵料的选择性是很强的。我们外出钓鱼时都要准备多种饵料，而且对钓不同种类的鱼还要配制不同的钓饵，即使是钓同一种鱼，由于每次去的水域不一样，或不同的季节，甚至同一天的上午和下午的差异，也要配制不同的钓饵。例如：同样生活在养殖塘里的鲤鱼，由于地域不一样，有的爱吃蚯蚓，有的却爱吃带甜味较浓的饵料；各地的鲤鱼夏季比较爱吃素饵，但到了秋季却爱吃荤饵。不仅鲤鱼对饵料如此挑剔，其他淡水鱼类对饵料也一样挑剔。如草鱼，细心的垂钓者会发现它对食物特别挑剔，在同一个水域中，不合口味的水草不吃，即使是水草对了口味，但进食的时间不对也不吃，溶氧量低了更不吃；可一旦吃起来，就不顾一切地吃，甚至把肚皮撑破了还要吃。再比如在垂钓中心，对外开放垂钓的养鱼池、养鱼塘，每天都有很多人去垂钓，鱼儿们什么样口味的钓饵没尝过？可以这样说，几乎每尾鱼都是美食家，它们都是食不厌精、脍不厌细的家伙。所以，垂钓爱好者们不管是在城市里养鱼塘垂钓，还是去郊外钓鱼，要想钓到鱼并且有好的收获，就必须对鱼类的食性有所了解。

1. 滤食性鱼类及其食性

这类鱼吃食浮游生物，一般都是用它们细而长的密集鳃耙去滤取食物，随着嘴的张闭和吸吮，食物即和水一起进入口腔，再由鳃腔排出体外，新鲜的氧气通过鳃丝的毛细血管进入血液，同时水中的浮游生物便被鳃耙滤住。被鱼食用的浮游生物种类很多，常见的有枝角类、桡足类、

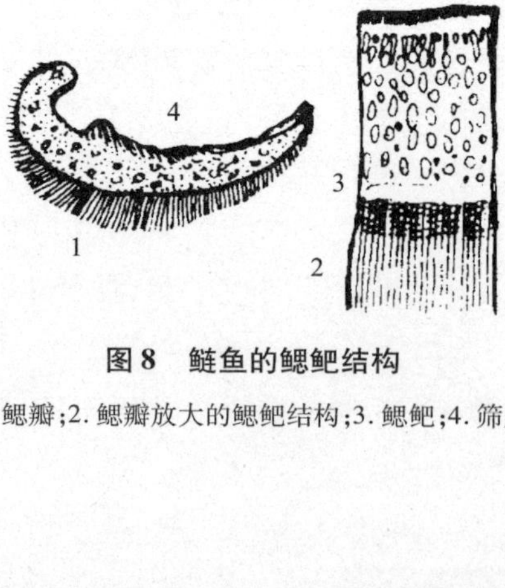

图 8 鲢鱼的鳃耙结构

1. 鳃瓣；2. 鳃瓣放大的鳃耙结构；3. 鳃耙；4. 筛膜

轮虫以及无节动物的幼体。浮游生物还包括许多浮游植物，主要是水生植物中的藻类，如绿藻、黄藻、平藻、硅藻、裸藻、黑藻等。此外，这类鱼还主动摄食菌团等；在人工饲养环境下，也食人工饵料，而且还特别喜欢吃经过发酵后带有酸臭和酸甜味的食物。

喜食浮游生物的鱼类中，最具代表性的有鲢鱼、鳙鱼和近年已很少见的鲥鱼等。

2. 草食性鱼类及其食性

这类鱼以摄食植物为主，它们的摄食器官具有不同于鲢、鳙鱼的形态特征，鳃耙不发达，数目少（13～14），且长度较短，咽喉齿侧扁呈梳状，齿冠有栉齿，左右相嵌，适于切割和嚼碎高等植物。

这类鱼摄食植物，如水草、丝状藻类以及生长在水中的其他各种植物，如黑藻、浮萍、狗尾草、狼尾草、马来眼子菜、蟋蟀草、菹草、稗草以及豆科植物的种子和茎、叶，菊科植物的蒲公英、野莴苣等。草食性鱼类中，有的以浮游生物、腐屑、微生物菌团为主要食物，但也吃幼嫩的水草，如银鲫、板鲫等。也有的以着生藻类、腐屑为主要食物，也兼食幼嫩的水草，如鲮鱼、银鱼等。还有以水生维管束植物为主要食物，如草鱼、鲂鱼等。此外，还有以周丛植物、水生维管束植物为主要的鱼类，如鳊鱼等。

草食性鱼类以草鱼、鳊鱼为代表。尤其是草鱼，它正是由于专食草类食物而得名。草鱼对微酸性食物较敏感，在自然环境中以浮萍、轮叶黑藻、苦草、小茨藻等野生水草为食，也吃水生昆虫、蝇蛆等，人工饲养条件下爱吃带有微酸味的发酵饲料；特别爱吃带有酸甜味的瓜果，诸如桑葚果、西瓜、菠萝、南瓜、茭白等，有时也吃韭菜等带有特殊气味的食物。

3. 杂食性鱼类及其食性

杂食性鱼类咽喉部都有咽喉齿（见图9），既能嚼碎螺蛳的硬壳，又能切断、磨碎水草及植物的种子。

图9 咽喉齿

1. 青鱼的咽头齿;2. 草鱼的咽头齿;3. 鲤鱼的咽头齿

杂食性的鱼,是指它的食物范围很广。这类鱼对动物性食物和植物性食物都能接受,不会拒食,如甲壳类小动物、昆虫的幼虫、蠕虫、贝类等小生物及植物性的米饭屑、面包屑、粟类、豆类食物的碎屑、植物的残屑等。不过,在不同的季节,它还是会以食某种食物为主,而且在诸多动植物中,也有其比较喜爱的食物和并不很感兴趣的食物。在食物来源丰富的季节,对一些不喜爱的食物会拒绝接受。常见的杂食性鱼有鲫鱼、鲤鱼、罗非鱼等。

4. 肉食性鱼类及其食性

这类鱼一般属于生性比较凶猛的鱼类,这是由于它需要以捕捉其他鱼类为食,甚至要捕杀比它自身体积更大的动物为食,所以它必须有尖利的牙齿、强健的体质和快速游动的本能。根据肉食性鱼类摄食的特点,可分为以下四类:

① 以小鱼、小虾为主要食物。如乌鳢、鲶鱼、鳜鱼、鳡鱼等。

② 从小生长在水体的底层或中、下层,比较容易获得的食物是水中的环节动物和贝类等,以螺、蚬、蚌等软体动物为主要食物。如青鱼等。

③ 以虾、水生昆虫为主要食物的鱼类。如黄鳝等。

④ 以肉食性为主的杂食性鱼类。如加州鲈鱼、虹鳟鱼等。

四、影响鱼类摄食的因素

鱼类除因自身疾病、繁殖期、已饱食等因素会影响摄食，还会因外部因素如天气情况、水中溶氧含量、环境污染以及饵料的适口性等影响摄食。这些因素都会很大程度影响到钓获量。因此，在钓鱼出行前，要注意天气预报，观察天气情况。如天气闷热、气压低，鱼类摄食会少或不食，垂钓效果将会不尽如人意，应暂缓前行。一旦到了钓场，要观察水质情况以及周围环境，了解最近 1～2 天鱼是否发生过浮头现象，有无鱼病发生，最近几天是否施过药物以及是否投放过新鱼等情况。因为新放的鱼尚未适应陌生的环境，摄食情况可能不佳，会影响钓获量。还要了解最近几天是否有人来垂钓过，钓鱼的人数有多少，钓获量等情况。如果此塘经常有人来垂钓，池里的“老”鱼对周围的环境已很熟悉，警觉性较高，因此不容易上钩，此时应做好充分思想准备。如果是养殖塘，垂钓之前还需了解钓场日常喂食的种类和时间，看一下自己准备的饵料是否合适，再选择投饵窝点和时间。一切准备完毕，再开竿垂钓。

1. 溶解氧对鱼类摄食的影响

大家都知道，人类是靠肺部进行呼吸的，鱼类没有肺，它是依靠鱼鳃来呼吸的。我们时常可以观察到，鱼在水中时嘴总是一张一合，鳃盖也随之一张一合。鱼嘴张开时，把水吸进去，经过和鳃接触后，水又从鳃盖下面流出来。当水与鳃接触时，水中的氧就有一部分被鳃丝上的毛细血管吸收进鱼的机体，进行新陈代谢，将氧源源不断地供给全身血液。鱼类就是通过这种方式吸收溶解于水中的氧来维持生命的。

水中所能溶解的氧是很少的。空气中所含的氧为 18% 左右，而水中所含的氧只有 0.000 6% 。如果略低于这个含量，鱼类就会很不舒服，出现神经麻痹、身体失去平衡的状况；再低一些就会死亡。

当夏天天气闷热时，在地势稍低的小鱼塘里就会看到不少鱼将头浮出水面来呼吸，这种现象俗称“浮头”。出现这种现象，说明这个池塘里的溶氧量不够，鱼儿只能把头浮上水面来吸取空气中的氧以维持生命。假如池塘里水质过肥、气压低、池鱼放养密度过大或暴雨过后也会造成水中缺氧，鱼类也会把头浮出水面来呼吸。长时间的浮头，鱼的下嘴唇两侧会出现两个红色的小疱。如果是黎明前鱼类浮头，属于轻度浮头，对鱼类的摄食没有太大影响，不影响垂钓。稍微严重一点的浮头，一般1～2天内鱼会食欲不振或停止摄食。如果是鱼类前半夜就开始浮头，说明池塘中严重缺氧，这种浮头现象属于严重浮头。正如前述的，池塘中严重缺氧时鱼会很不舒服，会出现神经麻痹、身体失去平衡的现象，再加重一些就会出现大面积的死亡。

图10　鱼类缺氧长期浮头病态示意

（长期浮头后，鱼的下嘴唇两侧各有一明显的小红疱，而且下嘴唇比上嘴唇稍长）

要改变池塘缺氧的状况，有以下几种方法：一是气候变凉爽了，而且起了风，池塘中缺氧的水就能补充到空气中的氧，使水中溶氧量得到增加；二是向这个池塘中注入新水，改变其缺氧状况；三是开启电动增氧泵向水中增氧。

另外，水中有没有水草之类的水生植物以及水是否流动也和水中的溶氧量有关系：若水中生长有水草等水生植物，水的溶氧量就会比较高；

没有水生植物的水域，其溶氧量就比较低。如果池塘附近有山水不断流入，哪怕分量很少，也能使水中的溶氧量提高；池水若有些微流动，水中的溶氧量也会比死水的池塘高。

了解这些知识对钓鱼者是有帮助的，可以避免盲目到那些缺氧的水域中去钓鱼。因为缺氧的水域中，鱼儿都处于患病状态之中，它们根本没有食欲，不会觅食。在这样的水域垂钓都将会白费工夫。

2. 水温对鱼类摄食的影响

鱼类属变温动物，其体温随水温变化而变化。许多生物学家都认为，温度是影响鱼类活动最重要的因素。水温的变化对鱼类的各种生理活动都会产生非常强烈的影响。在最适宜的范围内，鱼体内的各种酶活性最好，消化功能、代谢能力都处于最佳状态，食欲旺盛。在10℃以下及30℃以上时，鱼的活动范围不大，摄食量一般，但不是绝对不摄食，冬季冰下垂钓就是一个例子。当水温在18℃左右时，鱼类食欲特别旺盛。尤其是秋季，鱼类为了越冬，需要在体内积聚大量的脂肪，以提高御寒能力，这时摄食量大增，连一贯素食的草鱼也开始摄食昆虫了。不过在正常温度下，如果气候突然发生变化，气温骤然下降5℃以上时（水温是随着气温的变化而变化的，通常气温和水温的差距不超过0.5℃），鱼类活动量大大减少，食欲也会明显下降。

在淡水鱼中，常见的鱼种大多是鲫鱼、草鱼、鲤鱼、青鱼、鳊鱼、鲂鱼等几种，这些鱼最适宜的水温为25℃左右；在19～29℃之间它们较为活跃，食欲也最旺盛。

钓鱼者了解鱼在什么温度之下食欲最为旺盛是很重要的，这样可以知道在什么水温下，鱼儿最需要食物，最容易吞饵上钩。

钓鱼的前辈们根据钓鱼的经验总结出来12字谚语，叫作“春钓滩，夏钓潭，秋钓阴，冬钓阳”。这其实就是指各个季节适宜钓鱼的温度条件。“春钓滩”，是说春天尚有一些寒意，在晴天有太阳的时候，浅滩的水温适中，这样的地方容易钓到鱼；“夏钓潭”，是指夏季天气炎热，鱼儿常栖身于较深的水中，因为上层的水温太高，不适合鱼的生活需要，而水深处比较凉爽，应在这样的水域下钩较有收获；“秋钓阴”，是指秋天已稍为凉爽，但仍较暖热，阴天温度最为适中，宜于垂钓；“冬钓阳”，是指冬天寒冷，只有在阳光照耀下水温提高了，鱼儿才会出来觅食。由此可见，钓鱼前辈们对鱼类和温度的关系是非常了解的。

3. 繁殖期对鱼类摄食的影响

鱼类在繁殖季节，会发生减少摄食或停止摄食的情况。如非洲鲫鱼在繁殖期间，雌鱼就完全停止摄食。大部分鱼类在产卵前由于雌雄鱼相互追逐，在草丛中互相缠绕，要消耗大量的能量，所以食欲旺盛，摄食量大增。雌鱼产卵期间因体力下降，食欲减退，摄食很少；而产后为了恢复虚弱的体质，摄食量会大大增加，此间进行垂钓，收获颇丰。为了保护自然资源，扩大生态环境，在鱼类产卵前和产卵期间尽量不要到自然水域去垂钓和捕鱼，做到文明垂钓。

4. 饱食度和饵料适口性对鱼类摄食的影响

鱼类有不同的食性，大体可分为草食性、肉食性、浮游生物食性、杂食性、杂屑物食性、底栖生物食性等6种，通常情况下它们是不会逾越自己的食性范围的。

生活在自然水域中的鱼类，大多处于饥饿或半饥饿状态，饥不择食，它们对食物没有选择性，只要能吃的便吞入腹中。在这种水域中垂钓，用什么样钓饵并不重要，关键是用什么样的诱饵把远处的鱼儿引诱到窝点来。在制作诱饵时，要尽量配合使用诸如丁香、小茴香、麝香之类带有香味、穿透性很强的诱食剂，将远处的鱼类快速引诱过来，以达到快速诱鱼、聚鱼、留鱼的目的。这时垂钓者不论用什么钓饵，鱼儿都会见到饵钩就上。

生活在养鱼塘或钓鱼池中的鱼类，通常情况下处于饱食状态，对饵料的选择性比较强，只选自己最爱吃的饵料。另外，它们已习惯了养殖场长期投喂的人工饵料，因此，在制备饵料时要设法和投喂的饵料相同或相似。特别是一些专收门票、不计鱼的钓获数量的垂钓园，以门票、年票作为收入，虽池中鱼很多，但因为长期投喂一种自制有特殊味道的饵料，鱼儿对外来的饵料不上钩，让垂钓者望鱼兴叹。在这种垂钓园中钓鱼，一定要摸清平时所喂的饵料，制作相同和投其所好的钓饵进行垂钓，否则不会有好的钓绩。再者，垂钓园鱼池每天有几十甚至上百人去垂钓，鱼儿们尝过的钓饵口味无计其数，可以说，每尾鱼都是美食家，它们都是食不厌精的家伙。所以在制作钓饵时要特别注重风味，增加天然饵料的比例，并添加鱼类诱食剂，只有这样才能提高钓获量。

生活在半天然、半人工养殖垂钓园中的鱼类，鱼儿们既有天然饵料又有游客投喂的食物，但不如养殖塘和钓鱼池那样定时定量投喂饵料，鱼儿通常处于半饥半饱状态。此垂钓园中的鱼类因钓的人多，口味很刁，对饵料也很挑剔，因此准备的钓饵除了要讲究风味，最好添加些含有芳香族、硫化物或含生物碱的鱼类诱食剂，垂钓效果会更好。

5. 水色对鱼类摄食的影响

不同的水域，河水、江水、溪水、池塘水、水库中的水，其水色都不同；同是河水、江水，或同是水库、池塘，在不同的地域，其水色也不相同。

不论是哪种水域中的水，其原本都是无色透明的，但由于各个水域的水中掺杂着分量不同的各种细微的动物和植物，以及各种动物的排泄物和腐烂的动植物碎屑，就使水体呈现出不同的颜色，如深绿色、浅绿色、淡黄色、青黄色、橙黄色、黄绿色和黄白色等。

大体上说，水色稍浑而不重浊，呈浅黄、澄黄、青黄、黄绿或黄白色的水体，表明肥瘦适中，这类水中含有较多鱼儿生活所需的食物，鱼儿在这样的水体中感觉舒适，比较活跃，食欲也较好。

在呈现以上几种颜色的水域中，还含有较多水生植物，如金藻、黄藻、绿藻、蓝藻、硅藻等低等植物，是鲤鱼、鲫鱼等较为喜爱的食物；呈青黄色的水体中，常有较多的草鱼；呈淡黄橙色的水体中，鲤鱼会较多。

关于养鱼塘的好水,民间渔农用4个字概括为:“肥、活、嫩、爽”。

“肥”,是指水色浓,浮游植物量高并形成水华。水色不管是呈草绿色、嫩绿色或浓绿色,水面要求清澈,透明度在30厘米左右。“活”,是指水色和透明度一天中会有变化。即渔农常说的“早青晚绿”或“早红晚绿”以及“半塘红半塘绿”,就是有变化的好水。这种典型的“活水”其实是膝口藻水花,这种藻类植物生长期出现的频率近60%,游动较快,有显著的趋光性,当它们聚于鱼塘某一边或一隅时,水域中就会出现所谓半塘红半塘绿的情况。“嫩”,就是要求池水肥而不老,水色要鲜嫩。老水即水色已变坏,它有两种现象:一是水色发黄或黄褐色;二是水色变蓝绿,主要是小型蓝藻滋生,水面漂浮着绿沫,透明度降低。“爽”,即水色不论是草绿色、嫩绿色或浓绿色,水色一定要清爽,其透明度不低于30厘米。在上述好水质里生活的鱼类体质才会健康,食欲必然旺盛。

水体呈现褐色或混有泥浆,过分浑浊,水中能见度太差,鱼儿大多不适应这样的生活环境。水体若呈绿褐色,这是由于水体中有机物含量太高,浮游生物太多。尤其在有些养鱼塘中,饲养者常会投入人畜的粪便,还有微生物大量繁殖,使水色变成墨绿或深绿褐色,甚至水面上还漂浮着一层黑乎乎的杂质,几乎隔断了空气中的氧溶进水中去的通道,使水中缺氧,这样的环境会使鱼类憋闷难受,动作迟钝,没有食欲。这种水域俗称水质过肥。而且这样的水中食物很多,鱼儿不饿,即使看见钓饵在水中晃动,它也不会有兴趣前来咬钩。这种水域垂钓,除非用特殊钓饵,否则必将无功而返。

一般来说,呈草绿色、嫩绿色或淡茶褐色的水体比较适合垂钓。这种水体中含有各种藻类植物和微生物,但并不过量,肥瘦适中,适合鱼类生活。特别是淡茶褐色水域常有较多的鲫鱼或鲤鱼。由于水中所含食物并不多,只要用些带有香味的钓饵,就会有不错的效果。

如果水体呈黑紫色,水面上漂浮着一层深色的油污等杂质,并散发出难闻的腥臭气味，这样的水域不适宜钓鱼，因为这样的水质已受到严重的污染，鱼儿不可能在这种水域中生存。

6. 鱼病对鱼类摄食的影响

鱼类也会患病，但不如其他陆生动物的疾病好治。给陆生动物治病可以打针、服药，而给鱼治病既不能逐尾地打针，也无法逐尾地灌药。如投放药饵，鱼不摄食或摄食很少，药物不能充分发挥作用。目前普遍采用的办法是：把药物和饵料拌匀，做成颗粒状药饵投放，并与整个渔场泼洒药物同时进行。泼洒的药物溶解在水中，通过鱼鳃渗入到鱼的血液中，从而达到治病的目的。但是，泼洒药物的剂量要比注射或口服的大几万倍，有时甚至几十万倍，这样不但给病鱼的摄食带来影响，而且给没有生病鱼类的摄食带来很大影响。即使泼洒药物的浓度低，不良反应很小，鱼类也有可能在1～2天内都不会摄食；如果药物浓度稍高一些，产生的不良反应就大，鱼类可能3～5天都不吃食。特别是在鱼类患上肠道疾病时，无论渔场是否泼洒过药物，鱼类都不会很好地摄食。

鱼类是否患了病，只要通过对鱼体的观察、检查和诊断就能得出结论。诊断鱼病的方法有目测检验法、镜检法和组织培养法等。垂钓者最简单的方法是目测检验法。一般鱼类得了病，都会在行动上和体色上有明显的异常表现。如病鱼经常在水面旋转游动，呼吸加快，有时还跃出水面；有的游动异常，动作失衡；有的体表充血，时而用身体碰擦水草，部分鳞片脱落，体表有白点、白膜或发炎等症状。进一步的检查是将病鱼捞出，检查体表、鳃盖、鳞片、鳍等部位是否有寄生虫及黏液、充血、发炎、腐烂等症状。

通过对鱼的行为、体色的观察，或对鱼体的皮肤、鳃盖、肠道进行检查，就可判断出池塘中的鱼类是否健康。只有池塘中整体鱼类都健康，才会表现出旺盛的食欲，垂钓者们才会有较好的钓获。

五、淡水垂钓的诱饵

（一）诱饵的简介

诱饵是用在垂钓下钩之前撒入预定的钓点，以引诱鱼群来到窝点周围聚集，便于将其钓获的一种饵料。它的名称既然称为诱饵，可见它的作用只是在于“诱”，而并非作为供鱼食用的食物，因而制作诱饵必须注重诱饵的颜色和香味。

由于鱼类的视力有一定的局限，通常的视程只有 1 米左右，而且只有黄、白、红 3 种颜色才易于接收，所以诱饵的颜色要使其具有红、白、黄的色彩。

诱饵除了必须注重颜色以外，还应具有香味。因为只有使鱼闻到诱饵的香味，激发它的食欲之后，鱼儿才能被诱到窝点来。

垂钓者使用诱饵，主要是它能起两种作用：一是把鱼吸引到窝点中来以便于钓取；二是使已经吸引来的鱼儿不要游走，能在窝点处尽量多留些时间，以增加被钓获的机会。

为了使诱饵起到这两种作用，诱饵一般都以很细碎的粉状和较大的颗粒形式投入水中。用细碎的饵，是让鱼儿不能吃饱，如果吃饱了，鱼儿就游走了，达不到钓获的目的；用较大的颗粒或固体诱饵，也是让鱼吞食不进，只能闻闻香味，却吃不着，因其有诱惑力，所以尽管吃不到，鱼却舍不得离开，只能在窝点的周围徘徊游弋，这就达到了不让鱼游走的目的。当鱼儿正在为吃不到爱吃的鱼食而焦急烦躁的时候，垂钓者将钓饵放入水中出现在窝点附近时，鱼儿就会迫不及待地扑上去大口咬饵而上钩。

作为打窝用的诱饵，必须根据不同的水域、不同鱼种的食性特点来投放，不能随便乱用，否则就不会收到良好的效果。例如，垂钓者目标是钓鲤鱼，那么，诱饵中就应多用些玉米粉和豆饼粉；如果是以钓鲫鱼为主，就要考虑到鲫鱼喜好有香味和甜味的食物，应以浓香型诱饵来引诱，诱饵的组成应以黄豆粉和蚕豆粉、芝麻粉为主要原料；若是以钓草鱼为主要目标，就应该用淡酸味的糟食投放作窝，而且还可用鲜嫩的青草扎成一个把子，下面挂一块石头，将它沉到窝子中去；如果以诱钓鲢鱼和鳙鱼为主，诱饵中就应含有酸臭味。

（二）诱饵的种类

诱饵的种类很多，依形状可分为散饵、黏饵和团饵 3 种，按诱饵颗粒的大小可分为颗粒诱饵、粉末诱饵、混合诱饵、合成诱饵、干撒饵、湿撒饵、酿制诱饵、色味诱饵、腥撒饵、蘸饵、发光诱饵等多种；但不论哪种诱饵，都是为了诱鱼前来摄食，以达到最好的诱鱼效果。现将各种诱饵的不同作用略述如下。

1. 粉末诱饵

粉末诱饵的原料，大多是各种粮食的粉末，如豆饼粉、菜子饼粉、花生饼粉、黄豆粉、山芋粉、麸皮粉、米粉、米糠粉、面粉、花生粉、芝麻粉、蚕豆粉、面包屑、饼干屑等。这些粉类，价格低廉，取材容易，诱鱼的效果都很好。但对有些特别喜欢香味或甜味的鱼类进行诱集时，还需加些白酒、香油、糖等进行调味，以提高诱鱼的效果。

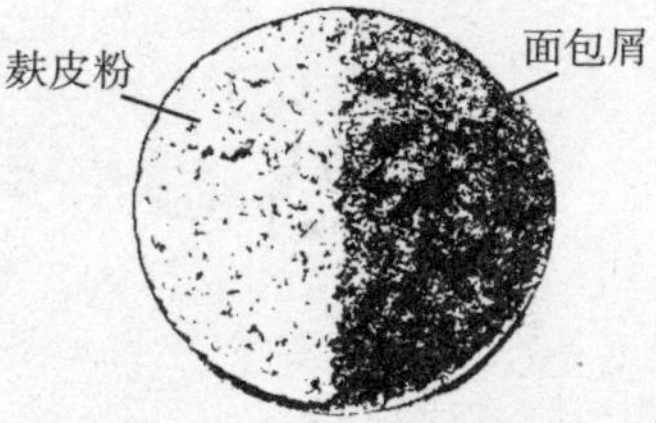

图 11a　粉末诱饵

有丰富钓鱼经验的垂钓者认为，诱饵一般要由两种、三种或四种粉末配合而成，而且都要加些水进行调和；最好不要用其他地方的水来掺和，而应该用垂钓水域中的水，效果才会更好。

图 11b 两种以粮食粉末加水和好的诱饵团

2. 颗粒诱饵

颗粒诱饵的特点是颗粒大，容易被鱼儿看见，可以引诱草鱼、鲤鱼、青鱼、鳜鱼、鳡鱼、鲶鱼、鲌鱼等较大型的鱼类。其原料除玉米、饭粒、熟

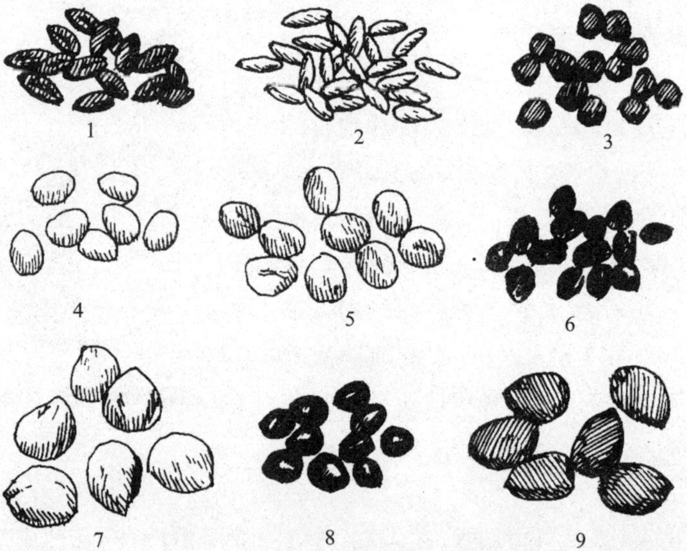

图 12 颗粒诱饵

1. 麦子；2. 米；3. 野豌豆；4. 菜豆；5. 干豌豆；6. 加工大麻籽；7. 山藜豆；8. 煮过的野豌豆；9. 花生

山芋等粮食性食物与南瓜等瓜果类素食外，还加入鱼、虾、螺蛳、蚬、蚌的碎肉和其他动物的肉类碎屑等荤食性饵料制作，所以对肉食性的鱼类也有很大的诱惑力。

若在家养的小型池塘内垂钓，可以直接用单一的粮食颗粒作诱饵，如将麦粒放在水中浸泡，涨鼓后作诱饵，素食性的几种鱼类都会贪婪地聚集而至。若在胖麦粒外面拌些带腥味的动物肉粉，如虾米屑、鱼粉等，更能引来肉食性鱼类。

在秋季水果收获的时候，若用枸杞子、桑葚或切成小粒的菠萝作诱饵，可引来多种鱼类，效果很好。

3. 合成诱饵

根据不同鱼类的摄食喜好，将几种类型的饵料配比制成的诱饵，称为合成诱饵。合成诱饵的品种很多，一般是根据所钓的具体鱼种，选择该鱼种所喜食的2～4种原料配合制成，有的还要加入些辅料、佐料、添加剂，如香油、水果或奶油香精、曲酒或酒曲、鱼肝油或糖类等。例如垂钓者所要钓的鱼种是鲫鱼，其诱饵所用的原料应该是鲫鱼所喜欢吃的浓香型诱饵，可用黄豆粉、蚕豆粉、豆饼粉为主料，再加点白酒以增添香味。这样有针对性地选配合成的诱饵，可以提高诱鱼的效果。

4. 混合诱饵

混合诱饵从表面上看，是由几种原料混合而成的诱饵。实际上，“混合”两字，在这里具有多种含意：

一是指由多种原料合成，可以是3～4种，也可以是5～6种，甚至7～8种原料，加上辅料混合制成。

二是指在这种混合诱饵中，不仅有几种素饵料，而且还可以有几种荤饵料加在一起混合制成。

三是指混合诱饵所要引诱的不只是某种单一的鱼种，而是包括了素食性鱼类、荤食性鱼类和杂食性鱼类等各种鱼类的混合体。例如，在玉米粉、豆饼粉和麦麸粉中，可以掺和蚯蚓、活虾、螺蛳肉一起制成混合诱

饵，以诱钓多种鱼类。

四是指混合诱饵中不仅可以包含鱼类爱吃的饵料，还可以将有不同气味的添加剂混合进去，以引诱喜欢某种气味的鱼种前来摄食。

五是指混合诱饵并非单一地只引诱小鱼，它既可引诱小鱼，也可引诱中型鱼和大鱼。

5. 干撒诱饵

干撒诱饵有粉末型、颗粒型、油粕3种。

① 粉末型：主要是用粮食的粉末或粮食加工后产生的下脚料的粉末，或直接用单一的粮食投撒作为诱饵，或将几种饵料用水掺和后调制成小团子作为诱饵。不论是单撒还是制成小球状，投入水底后都容易散开，其气味很快就会传播开来，吸引觅食的鱼儿进入窝点的诱惑力很强。但干撒诱饵有个缺点，就是持续性差，一般入水后经1～2小时后就会分解消失，失去继续引诱鱼类留在窝点的作用，所以一般经过2小时左右就需重新补撒。

干撒诱饵的原料有米粉、面粉、玉米粉、麸皮粉、山芋粉、芝麻粉、豆饼末、花生饼末、菜子饼末等。这些原料可以炒香后干撒，也可以用2～3种拌和后干撒，还可以制成带酸味的、甜味、有浓烈的酒香味的。

② 颗粒型：是用浸胀后的麦粒、玉米、粳米或小米等颗粒，有的还加入点添加剂，直接干撒打窝。一般是把饵料带到钓点，若窝点靠岸较近，可直接用手抓起来投撒，若窝点离岸较远，可在竿梢上装撒饵器，将干撒诱饵投撒在较远的水域中打窝。这种饵料撒入水中后，在水中荡荡漾漾地往下沉，很容易被鱼儿发现，用不了多长时间就能把不少鱼引进窝点，便于落钩垂钓。

③ 油粕：油粕是指榨过油后的黄豆、菜子、芝麻、花生的渣子，俗称豆饼、菜子饼、芝麻饼、花生饼。将它辗碎、炒香后即可用作干撒诱饵。这些饼类的碎屑一经炒香，香味浓烈。有的单纯用这种粉末，有的要掺入一些面粉或玉米粉后投入水中作诱饵。这种饼类干撒诱饵，常被垂钓

者作为备用的应急诱饵。由于这种诱饵的香气特别强烈，常能将较远处的鱼儿引来，所以，垂钓者在将一般诱饵撒下去后作用不明显，几乎钓不到鱼的情况下，才把这种香味强烈的诱饵拿出来应急使用。

另外，这种榨油后的饼粕如果不加辗碎，直接切成像肥皂块大小的块状，投入水中可作为长效诱饵使用。由于这种饼粕是经过高压挤榨过的，非常结实，可以浸泡十几个小时都不分裂散开；又因它是整块的，鱼儿无法吞食进口，所以只要放1～2块在窝点中，可以一整天起到诱鱼的作用，不需经常补饵。

6. 湿撒诱饵

① 酸性湿撒诱饵：用菜子饼或花生饼的粉末，在水中浸泡一夜，捞起后加点豆腐渣，拌和后用塑料盒装好；夏天密封1～2天；冬天用热水袋灌入热水放在塑料袋旁，用旧棉衣包裹起来不让热量散失，焐上2～3天后即发酵成为酸性湿撒诱饵。是引诱草鱼、鲤鱼、鳊鱼的理想诱饵。

② 馊味湿撒诱饵：用豆饼、麸皮粉等粮食类粉末，加入吃剩的馊粥或米汤拌和，再加点面粉增加黏性，将其捏成团粒作馊味湿撒诱饵，对草鱼、鲤鱼、鳊鱼、鳙鱼等都有很大的吸引力。

③ 酒香湿撒诱饵：酒香湿撒诱饵是用黄豆粉、芝麻饼加少量面粉和酒糟混合制成的。这几种原料都是鱼儿喜欢吃的，再加上有酒糟的香味，可吸引素食性鱼类和杂食性鱼类进窝，集聚效果很好。

④ 清香湿撒诱饵：这种诱饵由几种新鲜原料混合制成，其原料有新鲜豌豆、新鲜嫩玉米和嫩茭白，将它们放在一起磨成浆状液体，再加入麸皮粉末和匀，捏成团块，入水打窝。它带有几种原料固有的清香气味，对素食性鱼类的引诱效果都很好。

⑤ 粪便诱饵：粪便，是令人厌恶的东西，但有几种鱼喜欢这种气味，所以它也是一种诱饵。鸡粪、牛粪、羊粪、猪粪、人粪都可直接作为诱饵投入水中。粪便在水中能传播得很快而且很远，鲢鱼和鳙鱼闻到这种气味，都会被引来，使垂钓者获得好处。但由于多数垂钓者都觉得粪便太

脏臭，用来作诱饵者不多。

7. 腥撒诱饵

腥撒诱饵是一种具有强烈腥气的诱饵，当然，只有动物性的饵料才能有腥味，这是用来引诱肉食性鱼类的。其原料是小鱼、虾、青蛙、蚯蚓、螺蛳、蚌和蛤类的肉，以及狗、猪、羊、鸡、鸭、鹅的内脏等，这些东西都有强烈的腥味。值得注意的是：作为诱饵使用的这类脏器，不能切得太碎，因为如果切得太小投入水中，虽然能把肉食性鱼类引来，但都会被它们吃光，当鱼吃饱了以后，垂钓者把饵钩投入窝点时，鱼儿就不会再咬钩了。而且吃饱了的鱼还会立即离开窝点跑掉，垂钓者只能落得空钩而返。

因此，用作诱饵的动物性饵料，只能投入大块的，让鱼儿只能看看闻闻，无法吃进口中。如果切成碎块，就需用纱布袋装好，封好口，才能作为诱饵投入水中。用腥撒诱饵在内河或池塘等静水水域引鱼时，可引来鳜鱼、鲌鱼和黑鱼等。

用腥撒诱饵在大水域和江河水急处引钓，还可引来凶猛的肉食性鱼类，如狗鱼、大马哈鱼和鳡鱼等。但在水急的江河处下诱饵，动物内脏等饵料需用较重的石块扎牢，使其沉在水底，否则会被水流冲走。

8. 蘸饵

蘸饵是将钓钩用水蘸湿，然后在有香气的粮食粉末上蘸上些粉末饵料作垂钓的饵料。粮食粉末如玉米粉、黄豆粉、芝麻粉、豌豆粉、面粉等。用法是：将这些混合粉末预先炒香后，用铁皮盒装好带到钓点去，垂钓时，临时将钓钩放入水中蘸湿，再在炒香的粉末中滚蘸一下，使钩上黏满有香味的粉后再放入钓点中垂钓。粉末遇水后纷纷散撒在水中，可立即引得鱼儿前来抢食，垂钓者用空钩就可以将鱼钓上岸。

有些钓者还在钩上装挂蚯蚓、蚌肉、虾仁或螺蛳肉，再蘸上粮食粉末下钩。黏在荤饵上的粉末料在水底沉积起来，蘸的次数越多，水下的粉末料也随之增多，成为自然的窝子，可不断引来鱼儿进窝，越聚越多，垂钓的效果就会很好。

这种钓法的特点是：把诱饵和钓饵两者结合起来，用不着另外再准备诱饵，可以减少一些垂钓前的准备工作。

9. 酿制诱饵

酿制诱饵是指把粮食放在曲酒或有香味、甜味的药料汁水中浸泡后作为诱饵用。酿制诱饵大体可分 3 类：

① 酒米：酒米是将粳米或碎米放入瓶内，倒入白酒浸泡 2～3 天后取出，在垂钓前撒入窝点打窝。

② 药米：药米是将粳米或小米放入具有芬芳香气的中药药酒中浸泡成的饵料。常用的香味药料有丁香、郁金、桂皮、阿魏、山柰、冰片、麝香、桂花干等。因麝香价格极贵，一般不用。

③ 曲制诱饵：曲制诱饵是用粮食粉末，如玉米粉、豆饼粉、麦粒、小米、麸皮粉等粮食饵料，放入酒曲液中浸泡后制成的。这种诱饵香味浓郁，可引诱来鲫鱼、鳊鱼、鲂鱼和草鱼等，对钓获这些鱼类有很好的效果。

酿制诱饵有其特别的优点：一是效果好；二是使用分量少，只需撒上 1～2 把即可，不必像其他诱饵那样需带得很多。

10. 色味诱饵

色味诱饵是在制作诱饵时，依据鱼的视觉容易发现的颜色，以及鱼对味觉的不同需求而制出的诱饵。如果诱饵的颜色不能让鱼容易看见，诱饵就不会产生诱鱼的作用。人们已经知道，鱼的视觉对红、白、黄色的反应比较灵敏，而对其他颜色反应迟钝，甚至看不见。经研究发现：北方鱼类对黄色的诱饵反应敏感，南方的鱼类较容易看见白色和褐色。

除诱饵的颜色有一定的要求外，味的问题也必须加以注意，因为鱼除了视觉稍差些外，味觉和嗅觉都是很灵敏的。许多鱼类对食物只要闻一下或用嘴碰一下，就能了解食物是什么滋味，是否合乎它的口味。所以，不论钓饵还是诱饵，都应该考虑到各种鱼类不同的味觉嗜好。通常垂钓者都知道：鲫鱼喜欢略带甜味的清香气味，鲤鱼喜欢吃含有腥气的食物，草鱼喜欢吃带点酸味的食物，鲢鱼和鳙鱼喜欢吃带有酸臭气味的

食物。

（三）常用诱饵的制作

1. 麝香诱饵制作

这种诱饵是鲫鱼、草鱼、鲤鱼等最喜吃的诱饵。其特点是：耐水泡、不变形、不变色、不变质、用量少，一个窝子撒20粒左右即可。

制作方法：将粳米放入玻璃瓶，用纱布包一点麝香再放入玻璃瓶内，封好瓶口，半个月后瓶中的粳米即可作诱饵使用。

2. 药米诱饵制作

药米也是鲫鱼、草鱼、鲤鱼喜吃的诱饵。

制作方法：将灵草、排草、香松、小茴香、滑石、大黄研碎后，加入白酒密封在玻璃瓶中，浸泡2个月即可启用。

也可用香松、丁香、广香、小茴香、桂皮、八角、滑石研碎后，加入白酒密封在玻璃瓶中，浸泡2个月后启用。

垂钓前取以上任何一种药酒，倒入一小瓶内，再放一些粳米淹没其中，密封好。撒窝时一个钓点撒上10余粒药米即可。

3. 酒米诱饵制作

制作方法：将粳米放入玻璃瓶中，加入白酒浸泡，夏秋季节浸3天以上，春冬季节浸1周左右即可。

垂钓时用小瓶取一些酒米带上，每窝撒上40～50粒即可。

4. 豆渣诱饵制作

白鲦、鲢鱼、鲤鱼、草鱼等均喜食豆渣。豆渣取之易得，制作简单，许多垂钓者乐于使用。

制作方法：将豆渣放在日光下晒几天，让其受热发酵备用。使用时直接将发酵后的豆渣撒在窝子里即可。

5. 米饭诱饵制作

米饭色白，软硬适中，鱼儿容易识别，喜食。

制作方法：将米饭放入坛子里，加入白酒密封，可长期保存，随时取用。垂钓时取出部分米饭，再加入面粉、混合饲料、胡豆粉等，捏成团，撒在窝内即可。

6. 青草诱饵制作

草鱼喜食青草，青草也可作诱饵。

制作方法：割取青草，扎成把，夏天将其抛在水面，可作浮钓诱饵；其他季节可在青草把中捆入石块，加大重量，抛入水中使其沉底，可作底钓诱饵。

7. 牛屎诱饵

前面已说过，有的鱼儿喜欢逐臭，牛屎气味浓，鲤鱼喜食。用牛屎制作诱饵，正是废物利用。

制作方法：取新鲜牛屎 1 000 克，加入切碎的青草 250 克，以及少量粳米、湿泥、稻壳等，混合后捏成团备用。撒窝时将牛屎团抛入钓点，待牛屎团解体，青草、稻壳浮出水面，周围塘水呈浑浊状态时，即可下钩垂钓。

8. 菜子饼、酒糟诱饵制作

菜子饼、酒糟是鲤鱼、草鱼、鲫鱼喜食的饵料。

菜子饼制作方法：将菜子饼、麦麸、粳米混合在一起，碾碎，垂钓时取塘水和之，捏成团即可作诱饵撒窝。

酒糟作诱饵，可直接取用撒窝。

9. 素食长效诱饵制作

素食长效诱饵是用粮食类原料制作而成，一般有以下几种制法：

① 麸皮面团：把麦麸、糠末和面粉放入锅中炒熟至金黄色，加入糯米粥，调拌均匀，搓成鸡蛋大小的团子，放在阴凉通风处晾干。

这种诱饵投入水中后，可持续 3～4 小时才散开，4～5 小时内不用补饵。若在调拌时再加入少量鸡蛋，诱饵的凝固度会更强，入水后散开的时间可延续更长。

这种诱饵的优点是：因其体积较大，鱼儿不能一口吞食；又因其香气四溢，使鱼儿不愿离开，长时间在饵食周围徘徊不去，对垂钓有利。另外，这种诱饵对多种鱼类都有较大的吸引力，在垂钓常见的鱼类时大多能用得上。

② 各种饼渣：这种诱饵制作最简便且长效。只要将榨油后的菜子饼、豆饼、花生饼、芝麻饼切成肥皂大小的块，垂钓的当天放在火上烘烤出浓烈的香味后，就可以成为长效诱饵。

以上 4 种饼渣都是经过压榨机压榨过的，比较硬和结实，投入到水中，可经历 4 小时不被分散瓦解，垂钓一整天，只需补饵一次就够了。在这 4 种饼渣诱饵中，诱鱼效果最好的是芝麻饼，第二是花生饼，第三是黄豆饼；菜子饼稍差一些，但仍可起到较好的诱鱼效果。

③ 纱袋面：这种诱饵是将麦麸末、豆饼末、面粉等混合后炒香，装入纱布袋，缝合起来即成，每袋为 100 克左右。

这种诱饵对引诱鲫鱼等小型鱼类最为适宜。纱袋面诱饵沉入窝点后，强烈的香味从袋中透出，吸引较多的鱼前来聚集，但由于有纱布隔开，鱼儿咬不到，只能在袋子的周围转来转去，或凑在袋上吸取一些渗出的汁液。鱼常常是既吃不到饵食，却又舍不得离去，这对垂钓者很有利。

10. 荤食长效诱饵制作

① 动物内脏：动物内脏，既可以做钓饵，也可以做很有效的诱饵。凡猪、牛、羊、鸡、鸭的肝、肠、肺等都可以利用，但花费较大；鸡、鹅、鸭的肠子价值较低，可以多采用。

用动物内脏作为诱饵，不能切得太小，否则，很快就会被鱼儿吃掉或衔走；有大块整条地投入，才能让鱼儿吃不进、拖不走。另外，如果切成小块把鱼喂饱了，怎么还会来吃钓饵呢？用动物内脏作诱饵的好处是：诱饵经过很长时间浸泡也不会损耗。

② 动物骨类：动物骨类内含有一种气味，对鱼类有特别的吸引力，特别是羊的骨头，是鱼类、虾类、蟹类等最喜爱的。鱼儿距离羊骨再远，

都能闻到其气味，可从很远的地方游过来。

此外，鳝鱼的骨也是鱼类最喜欢接近的。鳝鱼骨是一种废弃物，不必花钱买，投入水中后，很能吸引鱼群前来觅食。而且鳝鱼骨在水中浸泡多时也不会损蚀，直到1～2天后完全失去那种腥味后，才失去诱鱼的魅力。

③ 纱袋水丝蚓：从肥土中挖出的水丝蚓，连同污泥一起用纱布袋装起来，也是一种很好的长效诱饵。这种水丝蚓和污泥都有一种使鱼儿很感兴趣的气味，能引诱附近水域中的鱼前来觅食。在纱布袋中不断蠕动着的水丝蚓，能引起周围鱼儿的食欲。由于水丝蚓极为细小，纱布袋放入水底后，有些丝蚓能从纱布小孔中慢慢地钻出袋外，而被较小的鱼儿吃着，这就使得鱼儿围在袋的周围，久久不愿离去。如果水丝蚓不容易得到，可将普通蚯蚓放在纱布袋中，作为长效诱饵也有诱鱼的作用，虽然其引诱力稍微差于水丝蚓，但对鱼仍有较好的吸引力，而且很有长效，早上投一袋沉入水底后，一整天都可以不用补饵。

六、鱼类诱食剂在钓饵中的应用

（一）诱食剂在鱼饵中的作用

随着垂钓运动的发展和垂钓技术的进步，钓鱼界正朝着不使用活饵的方向发展，一些国家甚至已全面禁止使用活饵，而转向使用商品饵和针对水情、鱼情、天气等自制的饵料，其目的是为了提高钓获量。不论是商品饵还是自制饵料，其中都含有某种特殊的化学物质，一旦这种饵料落入水中，这些特殊的化学物质就会扩散到水环境中去；鱼类依靠灵敏的嗅、味觉，便可感觉到这种饵料生物的存在，哪怕这种气味的化学物质在水中的含量是微乎其微，鱼类也能准确地测量出猎物的具体方向和位置，且适口性又好，能极大地引起鱼类的食欲，使鱼儿争先恐后地抢食、吞食,也进而上钩。这种特殊的物质被称为“鱼类诱食剂”。

谈到鱼类诱食剂,我们必须谈到蛋白质。蛋白质是生命的物质基础,没有蛋白质就没有生命。对鱼类来讲,蛋白质同样也是构成其饵料的主要营养成分之一。在消化过程中,蛋白质在多种消化酶的作用下进行消化,转化为氨基酸,氨基酸会随血液流到鱼的各个组织器官,从而使鱼得以生长和发育。组成蛋白质的氨基酸有 20 多种,其中对鱼类有诱食作用的氨基酸有酪氨酸、赖氨酸、亮氨酸、异亮氨酸、精氨酸、谷氨酸、丙氨酸、缬氨酸、甘氨酸等 17 种。在这 17 种氨基酸中,有的氨基酸对几乎所有的鱼类及水产动物都有促食作用,也有的氨基酸只对几种鱼类有促食作用。实践证明,鱼类对某种饵料的喜好程度,由添加到饵料中不同诱食剂的含量所决定。

除了氨基酸之外,某些有机酸对鱼类也有强烈的诱食作用,如肌苷酸、腺苷二磷酸、腺苷三磷酸、鸟苷酸等。还有生物碱,如甜菜碱,对鱼类的味觉有显著的刺激作用,特别是与氨基酸一起使用,有协同增效的作用,这类物质对鲫鱼、鲤鱼、鲶鱼有很好的诱食作用。再有含硫有机化合物,如二甲基-β-丙酸噻啶(简称:DMPT)对鱼类也有极强的诱食作用,在天然饵料中滴入微量,对钓鲫鱼、鲤鱼等鱼类都有奇效。再就是糖类,对所有的鱼类和几乎所有的水产动物均具有诱食作用。钓友们平时用香蕉、桑葚、西瓜、番茄等水果作钓饵时,能钓到杂食性鱼类,如鲫鱼、鲤鱼等,这说明水果中的糖分和有机酸在起作用。

对鱼类具有诱食作用的还有传统的中药,如丁香、小茴香、阿魏、麝香等。

(二) 诱食剂的种类

1. 天然鱼类诱食剂

① 蚯蚓粉:蚯蚓粉是蚯蚓经烘干或冷冻干燥后,再经粉碎、研磨加工成的粉。自制时,可以去中药店购买蚯蚓干制品,回来后再行粉碎。

其主要成分是粗蛋白，含有多种氨基酸、维生素等，是一种优质蛋白饲料。蚯蚓粉有一种特殊的气味，特别能引诱和刺激鱼类的食欲，是钓鱼最优良的天然饵料之一，几乎大部分鱼类都喜欢食之，特别是对鲫鱼、鲤鱼、罗非鱼、鲶鱼、虹鳟鱼等有特效，被钓鱼界誉为“万能钓饵”。

② 鱼粉：鱼粉是用一种或多种鱼类为原料，经去油、脱水、粉碎加工后的高蛋白质饲料，迄今仍为重要的动物性蛋白质添加饲料，尚无法以其他饲料所取代。

据有关资料报道，鱼粉用于水产动物如鱼、蟹、虾等饲料中，由于鱼粉与水产动物所需的氨基酸比例最接近，添加鱼粉可以保证水产动物生长较快。鱼粉对几乎所有的鱼类都有促进摄食作用，但用于垂钓时它的唯一缺点是会引来小鱼小虾争食。使用时取少量拌入饵料中做钓饵，也可以将麦粒等植物在水中浸泡，涨鼓后再拌些带腥味的鱼粉做诱饵或钓饵，都能引来肉食性鱼类。

③ 虾粉：虾粉有两种：一种是用虾肉制成的；另一种是用加工厂的下脚料，如虾头、虾壳等，经烘干、研磨加工而成。虾粉对鱼类有较好的促进摄食作用，拌入饵料后可增加诱鱼效果，特别是对鲫鱼等有较好的吸引力；不足的是也会引来小鱼小虾争食。

使用时需要注意的是，一旦包装开封后应及时装入不透光、密封好的容器内，以免其有效成分挥发或变质。特别在夏季气高温期间，暂时不用的虾粉要存入冰箱内保存。若虾粉散发出近似氨水的气味，千万不能用于垂钓，因为虾粉中的动物蛋白质已经变质，不但起不到诱鱼效果，反而会起到驱散鱼群的作用。

④ 蚕蛹油：由蚕蛹（干蚕蛹含油约 30%）所得的半干性油，红棕色，有鱼酸味，密度 0.925（15/15°）。主要是油酸、亚麻酸、棕榈酸和亚油酸的甘油酯。此油拌入饵料对许多鱼都有诱惑力；但此油极易氧化并出现哈喇味，一旦变质，只能使鱼远远避开。

⑤ 蚕蛹粉：蚕蛹本身是钓鱼的最优良的天然饵料之一。蚕蛹粉有

两种，一种是未经脱脂的，一种是经过脱脂的。未经脱脂的蚕蛹粉一般含油在30%左右，和蚕蛹油一样极易被氧化出现哈喇味；但是，蚕蛹粉变质到一种程度会产生一种叫作吲哚的物质，该物质反而能起到更好的诱鱼作用。经过脱脂的蚕蛹粉可避免被氧化。

⑥ 磷虾：产于南极海域和北冰洋的一种小虾，看起来与虾很相似，但它不属于虾类，而是属于甲壳类磷虾目的海洋生物，与虾的外表区别在于它的鳃不被头胸甲所覆盖，身体两端长有副棘。磷虾富含氨基酸和酶，营养价值极高，主要用于饲料。据报道，磷虾的体内能排放发出酵气体，仅仅把带有磷虾气味的碎布抛到海里，就能引来很多鱼类，对几乎所有海、淡水鱼类都具有促食的作用。无论作为诱饵还是作为钓饵，在海钓中它的地位都是其他饵料所不可替代的。

⑦ 茴香油：由茴香草的果实经蒸馏而得的一种精油，无色或淡黄色液体，有茴香的特殊气味，味甜。主要成分是茴香脑，含量达80%～90%，并含有乙醛、甲基蒌叶酚、大茴香醛、大茴香酮、柠檬烯等物质，其中甲基蒌叶酚对鱼类有促食作用。

⑧ 乳清粉：是加工奶酪的副产品，其中主要含糖类，并含有少量葡萄糖，此外还含有蛋白质、凝结酶。该品对所有草食性和杂食性鱼类都具有促食作用。

⑨ 大蒜素：由新鲜大蒜中的大蒜氨酸受大蒜酶的作用分解而产生。纯品是无色油状物，具有强烈的大蒜异臭。稍溶于水，也溶于乙醇、苯、乙醚等有机溶剂。对几乎所有的淡水鱼类都具有较强的诱食作用，特别是对草鱼、鳙鱼、鲤鱼、鲫鱼等诱食作用更为明显。使用时需要注意：一是添加量不宜超过0.2%；二是大蒜素对皮肤有刺激性。

2. 氨基酸类鱼类诱食剂

氨基酸作为鱼类诱食剂来讲，对鱼的嗅、味觉都有较强的刺激性，能起到诱食和促食的作用，其中L型氨基酸（即左旋体氨基酸，微苦、酸味，有的味甜，少数淡味）比D型氨基酸（即右旋体氨基酸，有甜味）的诱食效果更好。

① L-丙氨酸(学名:氨基丙酸,有 α-酸和 β-酸两种):无色至白色结晶粉末,无臭。有甜味,甜度约蔗糖的 70%。溶于水,微溶于乙醇,不溶于乙醚。由化学合成法,或蚕丝蛋白水解制得。用于制作鱼类诱食剂时,每千克饵料添加量不宜超过 1 克。除对虹鳟鱼例外,对所有的海、淡水鱼及水产动物都具诱食作用。

该品在化学试剂用品商店、食品添加剂商店均有售。

② 甘氨酸(学名:氨基醋酸):白色结晶体或结晶性粉末。有甜味。溶于水,不溶于乙醇和乙醚。存在低级动物的筋肉中,也可从明胶水解、精制而得。对大部分海、淡水鱼类及水产动物均具有很好的诱食效果。用于制作鱼类诱食剂时,每千克饵料添加量不宜超过 2 克。

该品在化学试剂用品商店、食品添加剂商店均有售。

③ L-精氨酸(学名:2-氨基-5 胍基戊酸):晶体或白色结晶粉末。溶于水,微溶于乙醇,不溶于乙醚。从明胶水解、精制而得,也可用化学方法合成。对淡水鱼类中的鲤鱼、鲫鱼、鳊鱼有诱食效果。用于制作鱼类诱食剂时,每千克饵料添加量不宜超过 1.5 克。

该品在化学试剂用品商店、食品添加剂商店均有售。

④ L-赖氨酸(学名:2,6-二氨基己酸):无色针状晶体或结晶粉末,无臭。易溶于水,微溶于乙醇,不溶于乙醚。从动物蛋白质经水解、精制而得,也可用化学方法合成。该品动物蛋白质中一般含量较高,对鲤鱼、鲫鱼、虹鳟鱼、真鲷等鱼类有诱食效果。用于制作鱼类诱食剂时,每千克饵料添加量不宜超过 8 克。

该品在化学试剂用品商店、食品添加剂商店均有售。

⑤ L-脯氨酸(学名:吡咯烷-2-羧酸、吡咯烷酮羧酸):无色至白色结晶或结晶性粉末。无臭,有苦味和独特甜味。易溶于水,微溶于乙醇,不溶于乙醚。从明胶、酪蛋白经水解、精制而得。通过实验发现,对几乎所有海、淡水鱼类及水产动物均有强烈的诱食效果。用于制作鱼类诱食

剂时,每千克饵料添加量不宜超过 8 克。

该品在化学试剂用品商店、医药公司均有售。

⑥ L-苏氨酸(学名:α-氨基-β-羟基丁酸):无色结晶体或结晶性粉末。无臭,有苦味和独特甜味。易溶于水,不溶于乙醇、乙醚、氯仿。从蛋白质(酪朊)经水解、精制而得,也可用化学方法合成。对鲤鱼、鲫鱼、鳕鱼等鱼类有诱食效果。用于制作鱼类诱食剂时,每千克饵料添加量不宜超过 0.5 克。

该品在化学试剂用品商店、医药公司均有售。

⑦ γ-氨基丁酸(学名:4-氨基丁酸):白色片状或针状结晶。微臭,具有潮解性。易溶于水,微溶于热乙醇,不溶于冷乙醇、乙醚、苯。用化学合成法成本高,得率低,现已用生物合成法制得。对几乎所有的鱼类都具有很好的诱食效果。用于制作鱼类诱食剂时,每千克饵料添加量不宜超过 1 克。

该品在化学试剂用品商店、医药公司均有售。

3. 有机酸类鱼类诱食剂

① 苹果酸(学名:羟基丁二酸):白色结晶体或结晶状粉末,有较强的吸湿性,易溶于水、乙醇,有特殊愉快的酸香味。最常见的 L-苹果酸存在于未成熟的山楂、苹果和葡萄果实的浆汁中。由苯氧化成失水苹果酸后,在高压下与蒸汽作用而制得。用于制作鱼类诱食剂时,每千克饵料添加量不宜超过 3 克。如能在诱饵中加入适量的白糖、白酒,效果将会更好。

该品在食品添加剂商店、医药商店、医药公司均有售。

② 柠檬酸(俗称枸橼酸):无色晶体或粉末,无臭,有强酸味。溶于水、乙醇和乙醚。可从植物原料中提取,也可由糖进行柠檬酸发酵制得。对草鱼、鳊鱼、鲤鱼、鲫鱼、罗非鱼等鱼类有较好的诱食效果。用于制作鱼类诱食剂时,每千克饵料添加量不宜超过 2 克。有时可和苹果酸合用,但添加量要掌握好,否则会大大降低诱食的效果。

该品在食品添加剂商店、医药商店、医药公司均有售。

③ 葡萄糖(俗称右旋糖)(学名:2,3,4,5,6-五羟基己醛):无色或白色结晶粉末,无臭。甜度约为蔗糖的70%。溶于水,稍溶于乙醇,不溶于乙醚。可从淀粉经盐酸或稀硫酸水解而制得,也可由淀粉经根霉或内孢霉淀粉酶的作用而制得。对几乎大部分鱼类及水产动物均有较好的诱食效果。用于制作鱼类诱食剂时,其添加量没有严格限制,一般每千克饵料添加量不宜超过20克。

该品在食品添加剂商店、医药商店、医药公司均有售。

④ 己酸(俗称羊油酸):无色油状液体,带有类似羊、干酪和椰子的气味。微溶于水。对皮肤和眼睛有刺激作用。对草鱼、鳊鱼有诱食作用。用于制作鱼类诱食剂时,每千克饵料添加量不宜超过100毫克。

该品在食品添加剂商店、化学试剂商店均有售。

⑤ 己二酸(俗称肥酸):白色结晶粉末,微溶于水,溶于乙醇和乙醚,能升华。有类似葡萄的气味。可从己二胺水解而制得。用于制作鱼类钓饵时,可使饵料香味变得柔和,每千克饵料添加量不宜超过100毫克。

该品在食品添加剂商店、化学试剂商店均有售。

⑥ 酒石酸(学名:2,3-二羟基丁二酸):无色至透明结晶。溶于水、乙醇和乙醚,有葡萄的水果香味。有两个相同的不对称碳原子,可以形成几种异构体。其中左旋或l-酒石酸可用于制作鱼类诱食剂,每千克饵料添加量不宜超过2克。

该品在食品添加剂商店、化学试剂商店均有售。

⑦ 外消旋酒石酸(又称dl-酒石酸、葡萄酸):白色无水结晶,是左旋与右旋酒石酸的混合物。溶于水,微溶于乙醇和乙醚。其酸度与左旋酒石酸相同,但没有类似葡萄的香味。用于制作鱼类诱食剂时,每千克饵料添加量不宜超过2克。

该品在食品添加剂商店、化学试剂商店均有售。

4. 含硫有机化合物鱼类诱食剂

① 3-甲硫基丙醛:无色或淡黄色透明液体。不溶于水,溶于乙醇。

具有醇厚的酱香、洋葱香和红烧肉香味。对大多数淡水鱼类具有很好的诱食作用，特别对诱钓草鱼、鳊鱼有很好的效果。用于制作鱼类诱食剂时，每千克饵料添加量不宜超过 0.3 毫克。

该品在化学试剂商店有售。

② 二甲基二硫醚（又称二硫化二甲基、甲基化二硫）：无色至浅黄色非透明液体。不溶于水，溶于乙醇和乙醚。易燃，误服或吸入该品有毒。对几乎所有杂食性和草食性鱼类均有很强的促食作用。用于制作鱼类诱食剂或钓饵时，每千克饵料添加量不宜超过 0.5 毫克。

该品在化学试剂商店有售。

③ 二丁基硫醚：无色透明液体。不溶于水，易溶于乙醇和乙醚。高浓度时有强烈的硫气息或臭鸡蛋味，高度稀释时呈紫罗兰叶香气。对大多数淡水鱼类有很强的促食作用。用于制作鱼类诱食剂或钓饵时，每千克饵料添加量不宜超过 1 毫克。因其不溶于水，可用白酒稀释后调入饵料中。

该品在化学试剂商店有售。

④ 二甲基二硫：淡黄色透明液体。有恶臭。不溶于水，可与乙醇、乙醚、醋酸混溶。经高度稀释后有洋葱的香臭味。对大多数淡水鱼类有很强的促食作用。用于制作鱼类诱食剂或钓饵时，每千克饵料添加量不宜超过 25 毫克。因其不溶于水，可用白酒稀释后调入饵料中。

该品在化学试剂商店有售。

⑤ 二甲基亚砜（简称：DMSO）：强吸湿性液体，无色无臭。吸湿后有蘑菇、乳酪特有的气味。存在可可、咖啡、苹果、洋葱、牛奶等物质中。溶于水、乙醇、丙酮、乙醚、苯和三氯甲烷。由甲硫醚用氧化氮或硝酸经液相氧化而制得。对所有淡水鱼类都有很强的促食作用。用于制作鱼类诱食剂或钓饵时，每千克饵料添加量不宜超过 5 毫克。

该品在化学试剂商店有售。

5. 含糖类鱼类诱食剂

经研究表明，糖类，诸如蔗糖、果糖、葡萄糖、蜂蜜等甜味几乎对所有鱼类、贝类与虾、蟹等水产动物均具有强烈的诱食作用。这也是我们平时用菠萝、桑葚、西瓜、番茄等水果当钓饵时，不仅草鱼、鳊鱼等草食性鱼类爱吃，就连鲫鱼、鲤鱼等杂食性鱼类也爱吃的原因。这些酸甜可口的水果能钓到鱼，说明其中的糖分和有机酸在起主要作用。进一步研究发现，糖在饵料中的添加量不论有多大，对鱼类的摄食都不会产生影响。

6. 生物碱鱼类诱食剂

甜菜碱（学名：三甲铵乙内酯、三甲基甘氨酸等），白色至微棕色结晶性粉末，无臭，有甜味。极易溶于水，溶于甲醇、乙醇，微溶于乙醚。可从天然植物的根、茎、叶及果实中提取，或采用三甲胺和氯乙酸为原料化学合成制得。

甜菜碱是甜菜加工副产品中提取的一种物质。经研究表明，甜菜碱是动物味觉的刺激物之一，只要0.000 1毫摩/升浓度的甜菜碱就能引起鱼类的嗅、味觉反应。甜菜碱对几乎所有鱼类、甲壳类动物的嗅、味觉均有显著的刺激作用，特别是与某些氨基酸一起使用时，对鱼类的诱食作用将会更为强烈，起到协同增效的作用。甜菜碱用于制作鱼类诱食剂或钓饵时，每千克饵料添加量宜控制在1～20克范围内。

七、淡水垂钓的钓饵

（一）常用动物性钓饵的种类与用法

1. 蚯蚓钓饵

蚯蚓又称地龙、曲鳝，大多生长在比较潮湿、肥沃的疏松黑泥中。其品种极多，仅从体色上区分，常见的就有红色、青灰色、褐色、浅黄绿色、

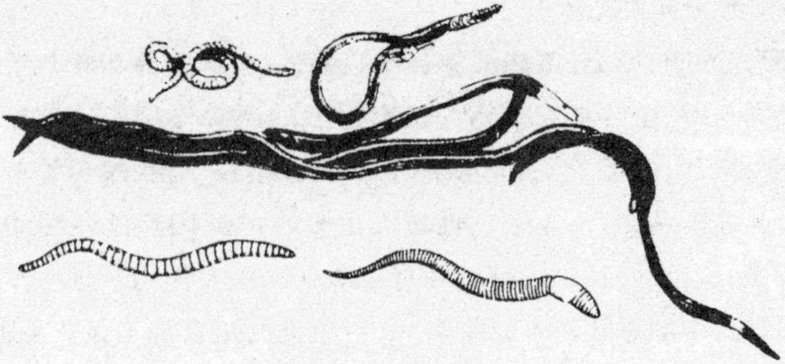

图 13　蚯蚓

白色、浅酱色等。个体大小差异很大，有的只有 3～5 厘米长，有的可长达 20～30 厘米，但大多数是 10 厘米左右的浅酱色蚯蚓。较大的蚯蚓多为青灰色，可长达 20 厘米以上。

蚯蚓是动物性钓饵中名列第一的钓饵，原因是大多数鱼类都喜欢吃它，被钓鱼界称为“万能”钓饵。不论是鲫鱼、鲶鱼、鲢鱼、鳜鱼、鳊鱼、鲤鱼，甚至甲鱼、黄鳝都爱吃蚯蚓，所以，一提到钓饵，钓鱼者首先想到的就是蚯蚓。在各种蚯蚓中，又以红色小蚯蚓最受鱼儿喜爱。这种小蚯蚓为红色，体长仅 5～10 厘米，其特点是肉质嫩，蛋白质含量高，而且有一股特殊的腥香气味，鱼儿在较远处闻到这种腥香味，便会很快聚集过来。

此外，有一种深绿色的蚯蚓，具有腥臭气味，对鳜鱼、鲶鱼、甲鱼等多种鱼类都有特殊的吸引力，也是钓饵的上佳品种。

2. 昆虫类钓饵

昆虫是一个品种极多的庞大类群（包括许多细小或稍大的昆虫），它们都是鱼类爱吃的食物，也是垂钓时常用的好钓饵。常见的有：菜青虫、米虫、螟蛾、苍蝇、红虫、油葫芦、蛴螬、面包虫、蟋蟀、蟑螂、蚱蜢、土蚕、蝗虫、蜻蜓、天牛以及各种蛆虫。不论哪种昆虫，也不论昆虫在哪个成长阶段，都是各种鱼类喜食的佳饵，属于上等钓饵。

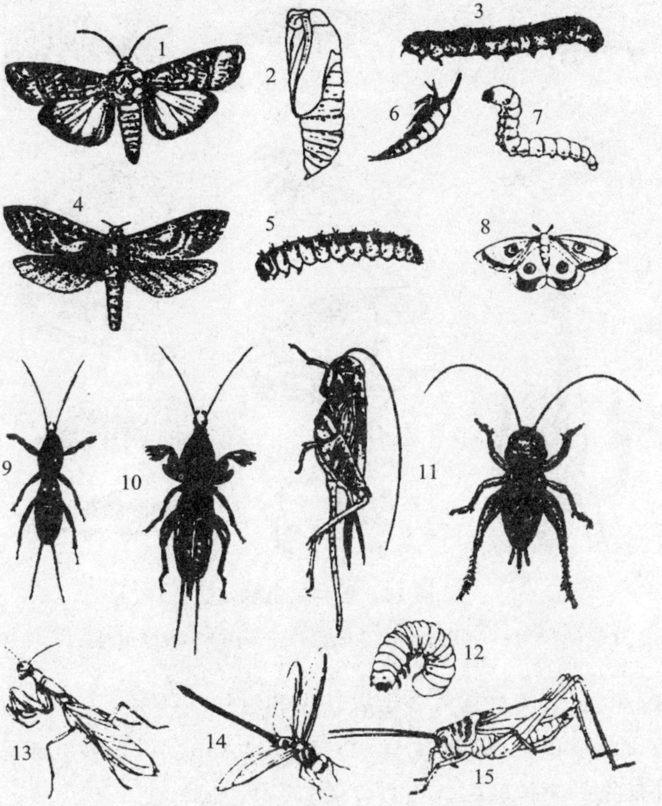

图 14　各种昆虫钓饵

1. 小地老虎成虫;2. 小地老虎蛹;3. 小地老虎幼虫;4. 蝙蝠蛾成虫;5. 蝙蝠蛾幼虫;6. 黑皮虫;7. 蚕;8. 飞蛾;9. 蝼蛄若虫;10 蝼蛄成虫;11. 蟋蟀;12. 蛴螬;13. 螳螂;14. 蜻蜓;15. 蚂蚱

利用昆虫作钓饵虽然很理想,但当钓者出外垂钓时,不可能一下子捕捉到许多昆虫满足一天的使用量,只能是捉到多少用多少。所以昆虫仅能作为辅助品,主要还是采用其他品种的钓饵。

3. 鱼虾类钓饵

肉食性的各种鱼类,大多具有生性凶猛、个体较大、气力充足、行动

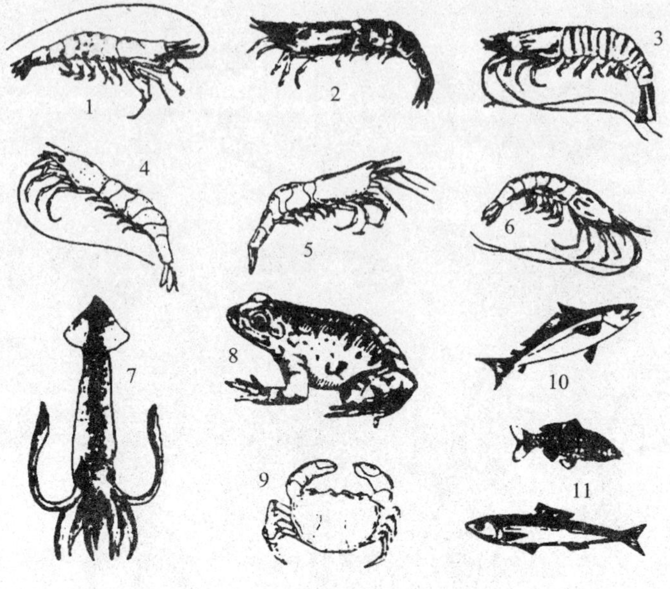

图15 各种鱼虾钓饵

1. 藻虾;2. 红虾;3. 对虾;4. 河虾;5. 沼虾;6. 青虾;7. 乌贼;8. 青蛙;9. 蟹;10、11. 各种小鱼

敏捷等特点,它们的食物大多也以较小的鱼和虾等水生动物为主。如青鱼、鳜鱼、狗鱼、乌鱼、鲶鱼、鲈鱼、哲罗鱼、大马哈鱼、翘嘴红鲌鱼等很多鱼种,都是见到小鱼就会大口吞食的。

至于虾类,更是肉食性鱼类的美食佳肴。不论是白虾、米虾、青虾、毛虾、葛氏长臂虾、对虾还是龙虾,只要这些鱼发现,就会拚命追逐,直到捕获吞食为止,所以用虾作钓饵,当然是最有效的。不过,虾的价值比鱼高,用虾钓鱼,是很不合算的,所以很少有垂钓者用虾作钓饵的。只有以下两种情况才用虾作钓鱼的钓饵:一是钓鱼时钓到了虾,钓到一二只虾也不能下锅上桌,索性以虾作为钓饵垂钓;二是用虾钓大鱼,若能钓到大鱼,那还是合算的。

4. 蛤贝类钓饵

同样是生长在水中的动物,除了鱼、虾之外,还有许多带有硬壳的水生动物，也是鱼儿喜欢摄食的。这些水中生长的小动物有一个共同的特点，就是有很重的腥气，所以鱼类特别喜欢摄食。这些动物有河蚌、河蟹、螺蛳、贻贝、蚶子、牡蛎、扇贝、青蚬、蛏子、文蛤、西施舌等。

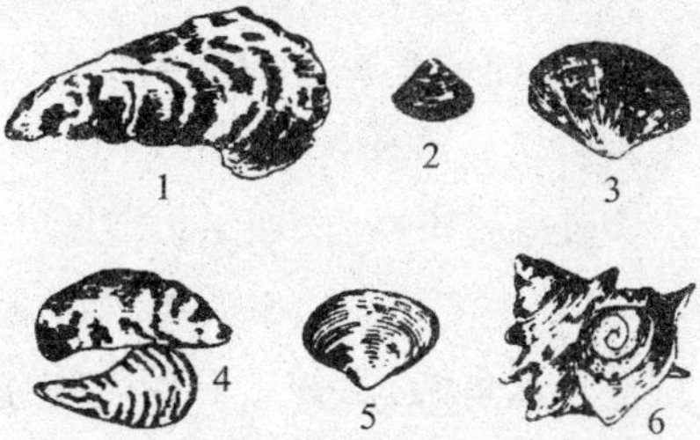

图 16　蛤贝钓饵

1. 牡蛎；2. 蚬子；3. 蛤仔；4. 孔雀贝；5. 蛤蜊；6. 螺

据使用过这些蛤贝类动物作钓饵的垂钓者介绍，用这些水生动物垂钓，上钩率很高。若将它们的外壳击碎，取肉挂在钩上作沉底垂钓，可钓到青鱼、甲鱼、鲶鱼、鲤鱼和黄鳝等，尤其是青鱼和鲤鱼的上钩率最高。不过，尽管用这些水生动物作钓饵的钓获率很高，但花费较大，所以只能作为辅助钓饵使用。

5. 蛋类钓饵

不论哪种禽类或鸟类的蛋，经加热烧熟后用作钓饵，鱼儿都爱吃。若将鸡蛋、鸭蛋、鹅蛋或鹌鹑蛋的蛋黄揉入面粉内蒸熟作钓饵，由于有金黄的色泽和蛋黄的香味，垂钓效果很好。若能再加些白糖，加热蒸熟后在外面涂些麻油，垂钓时将其捏成小圆团装钩，可钓取鳊鱼、鲫鱼、鲤鱼、草鱼等草食性、杂食性鱼类。

由于蛋类的蛋黄有很强的黏性，与面粉掺和蒸熟后，挂在钩上入水，可在水中经历很长时间不溶化。还可将煮熟的鸡蛋白切成块，挂在钩上垂钓鲫鱼、草鱼、鳊鱼等，效果特别好。

（二）常用天然动物性钓饵的养殖方法

1. 蚯蚓的培育

在钓鱼的饵料中，荤饵对鱼的吸引力最大。而在荤饵中，又以蚯蚓使用得最为普遍，它对于多种鱼类都有很强的吸引力，在垂钓界被誉之为“万能钓饵”。尤其用鲜活蚯蚓作钓饵，其效果更为理想。

蚯蚓虽是比较容易取得的饵料，但如果需要的量较多、大小适宜，且不老化的鲜活蚯蚓，以便取得更好的钓鱼效果，就有必要进行人工培育。培育蚯蚓的方法和程序并不复杂，只要按照以下要求操作，就可得到质和量都较理想的活饵。

① 培养基料：松软富含腐殖质的园土或发酵后颜色变黑的牛粪，或草类、土拌和发酵成的混合物，若再掺拌些锯末屑使其保持疏松、潮润，效果将会更好。

② 温度环境：培育的最适宜温度为 20～25℃，不低于 10℃和不高于 30℃就可正常生长繁殖。

③ 培育容器：可用木桶、木箱、瓦盆、泡沫塑料箱等比较容易渗水、透气的容器，不宜用塑料盒或铁皮箱、盒。

④ 饲料：腐烂的瓜果、稀粥、米汤、淘米水、苹果、香蕉皮等带有甜味的果品废料。

⑤ 喂养操作：先将发酵好的基料铺在饲养容器内，再放入蚯蚓种，按每平方米 1 000～2 000 条的比例推算密度。每隔 2～4 天，将发酵后的苹果皮屑饲料或剩粥、面条等半稀物撒入容器，保持基质湿润，温度适中，不可过干过湿。从幼蚓养至成熟一般需 100～130 天，成熟后每月产卵 1 次，每次繁殖 10 条左右。若品种好，饲养得当，每次可繁殖 15～20 条。培养期间应避免雨淋或日晒，注意保持基质湿润、疏松、透气性好，每隔 5～6 个月清理排泄物 1 次，并加入部分新基料，去除等量的旧料。

⑥ 保护措施：培养期间，要严防农药、杀虫剂等有毒物质的污染；防

止老鼠、青蛙、蚂蚁、蛆虫等天敌的危害。

⑦ 收集取用方法：在取用前1～2天，将一个苹果切成两半，把半个开始发酵的苹果平面朝下覆盖在养蚯蚓的基质上，即时会有较多成熟的蚯蚓闻到苹果香味后，聚集在苹果底下取食。到用时，只要将苹果皮揭开，即可取到足够一次垂钓用的鲜活蚯蚓。这种新取出的蚯蚓，对鱼类引诱力特强，大多都能获得满意的钓绩。

2. 摇蚊幼虫的培育

摇蚊幼虫，钓界称作红虫，又名孑孓，是一种细小的蛆虫，多种鱼类，如草鱼、鲤鱼、鳘鲦鱼、白条鱼、黄颡鱼、鲶鱼等都喜爱食用，是钓饵中的良品。蚊虫的卵、幼虫、蛹都生活在水中，除可在有遮荫的死水沟、潭水中捞捕外，为使用方便，供随时垂钓之需，不妨进行培育。

① 培养基的制作：培育摇蚊幼虫培养基的制作有两种方法：一种是用琼脂和牛奶制成的培养溶液。这种培养基因成本高昂，作为培育饵料，不太合算。另一种是以水沟泥或鱼塘泥作培养基：从下水沟或鱼塘底挖出半稀的鲜泥，除去树干、石块等杂物，加入等量的水进行搅拌，经约1小时后，将上层的水倒掉，再加入等量的水加以搅拌、静置……如此反复进行2～3次，然后将稀泥放在高温下消毒，待其冷却后，即可倒入培养器皿中作为培养基。

② 培养器皿：培养器皿的要求并不严格，最好是采用陶质的缸或盆，若用塑料或搪瓷盆，不宜用白色的，以色调深者为好。

③ 培育方法：摇蚊幼虫的培养方法有多种，其中以静水培养法最为简便实用，操作容易。静水培养法：只需用1个小碗口径、透气性好、无釉粗陶杯。若用深色塑料杯，需不含毒素、无气味；不要用白色或其他浅色的器皿。放入培养基，将小幼虫放入培育既可。

④ 收集幼虫的工具：在每年的5月中旬至11月上旬，都是蚊子繁殖的时期，也是收集幼虫的时期。收集蚊子幼虫所需的工具，主要是一个捞虫网兜。

网兜可以自制：用中等粗细（10～12 号）的铁丝，弯制成直径 15～20 厘米的圆圈，用纱布一端沿圆圈缝拢上，做成长约 30 厘米上圆下尖的网兜；再用约 1.5 米长的细竹竿或粗篾棒连接在铁丝圆圈上，这样一个网兜就做成了。

⑤ 收集幼虫方法：收集摇蚊子幼虫时，带着网兜和一个装盛小幼虫用的小纱布袋，到郊区或农村寻找废弃的清水积肥池，这种池中一般都有大量的蚊子幼虫，只要用网兜在积肥池中去捞，就可捞到足够的蚊子幼虫。

将捞回幼虫的纱布袋下半截 1/4 或 1/3 放入盛满清水的盆中轻轻漂洗，拣去杂物，但不能使幼虫漂出袋外，几分钟后，换一盆清水再漂洗 1 次，就可倒入培养基中。

洗净网兜和纱布袋晾干，以备垂钓取饵时再用。

⑥ 取用方法：待培养基中的摇蚊幼虫长至 3 毫米以上时，就可用网兜捞出作垂钓之用。

垂钓前，将摇蚊幼虫捏成团，挤去水分放入碗内，加入适量炭灰拌成半干体，即可垂钓。

⑦ 注意事项

a. 培养器皿应放置在弱光处，不能让阳光直晒或置强光下。

b. 用于培养基中的水和清洗幼虫的水，最好都要用池、河、塘、坑中的水。如用自来水时，应先将自来水放入盆或桶内放置 2～3 天后再使用，因城市自来水中含漂白粉，对幼虫生存不利。

c. 培养基存放处应严格防止鼠、鸡、鸭等家禽接近，以免遭其偷食。

d. 培养基存放处不可靠近煤炉，不然煤气将会杀死幼虫。

3. 面包虫的培育

面包虫又叫黄粉虫。面包虫不仅是钓鱼的良好饵料，也可作为人类的食物。它产于各种粮食作物的库房内，其爬行速度较快，喜暗怕光，喜在夜间活动。该虫有集群性，成虫还有互相蚕食的习性。

① 饲养容器:饲养该虫有大规模工厂化培育和小规模培育两种,作为钓饵用只需小规模家庭饲养。家庭饲养用纸箱、木箱、搪瓷面盆、塑料盒等均可,但以用长20厘米,宽12厘米,高6厘米的小木箱最为适宜。可放在阳台上或床下饲养。

② 饲养环境:该虫生长繁殖的最适温度为25～30℃,最适湿度为65%～70%。

③ 喂养饲料:黄粉虫幼虫的成长有小幼虫、中幼虫、大幼虫3个过程,喂饲量也按不同过程逐渐增加。幼虫时期要精养,以玉米面、麸皮为主,蔬菜叶屑为铺,每天早晚各投喂1次。每星期应调换新鲜饲料,及时添补米糠、豆饼末、玉米粉、青菜叶或胡萝卜碎片,也可添加适量的鱼粉。

④ 饲养要点:每星期要清理1次粪便。当部分老熟幼虫逐渐变蛹时,要及时挑出,以免幼虫啃食蛹体。在整个饲养过程中,都要防止大幼虫爬出外逃;饲养时要配备2个箱,成虫和幼虫要分开饲养。

⑤ 禁忌:饲养室内不可抽烟;严防饲养室内有刺激性农药和化学药物气味;防止鼠、猫、犬、蚂蚁、蟑螂等侵害。

⑥ 适时取用:该虫的幼虫成长期需连续蜕皮十余次,蜕1次长大1次,待幼虫长至20毫米长时,即可用于垂钓。

4. 蝇蛆的培育

蝇蛆即苍蝇的幼虫,其颜色洁白,蛋白质含量高,气味浓烈,很多鱼类都喜欢摄食,如翘嘴舶鱼、鳊鱼、鲹鲦鱼、鲫鱼、鲤鱼、罗非鱼、甲鱼、鳝鱼等,甚至草食性的草鱼也喜吞食蝇蛆。不仅如此,蝇蛆还有皮质坚韧、便于装钩、不易脱钩、可多次使用等特点。蝇蛆是一种效果显著、在众多荤钓饵中仅次于蚯蚓的广谱钓饵,也是钓鱼爱好者最喜爱的钓饵之一。

① 采集蝇蛆法:主要从粪池中捞取。在敞开的粪池中常有大量蝇蛆,用纱网将其捞出,再用清水反复漂洗干净后放入罐头瓶中,加入豆腐渣喂养2～3天,待皮色更白,体更壮、肉更厚时,用作垂钓效果将会更好。

② 引蝇培养法：最好选择室外或庭院的一块向阳地，挖掘一个坑，将直径约50厘米的缸埋入，缸口离地面高约10厘米，四周用砖垫高或埋木桩作支架，上面用70厘米×70厘米石棉瓦作盖；缸内放入肉皮、鱼鳃、鱼肠及家禽内脏等物，任苍蝇自行产卵。在盛夏时节，蝇卵很快孵化，蝇蛆发育也很快，约10天即可用于垂钓，若不及时使用，蝇蛆很快会变成蛹。

如果没有缸，也可将坑挖成长、宽各80厘米、深50厘米，四周及底用砖砌好，并用水泥抹平，上面仍需做支架、上盖，防止雨水进入，不然会影响蝇蛆生长。蛆虫的饲料最好是采用新鲜的粪便。

③ 肉蛆的培养法：夏天，将钓来的小鱼放在干净的玻璃瓶内，任苍蝇产卵，然后用两层纱布包起来，待肉蛆幼虫长到饭粒大小时，去掉污物，用清水漂洗蛆虫后，再将蛆虫放入较大的玻璃瓶中，并放入少量湿黄便纸或木屑进行养护。经过这样培养的蛆虫皮厚、体表黄白，一般10天之内不会变成蛹。

不管用哪种方法培养出来的蛆虫，为防止很快变成蛹，可采取：①将蛆虫捞出漂洗后，装入较大的罐头瓶中，放入少量豆腐渣，撒入少许精盐，置于阴凉处，使其暂停发育；②将洗净的蝇蛆装入玻璃瓶后，放入少量豆腐渣和少许粉末饲料，再放入冰箱冷藏室中储存；③用沸水将蝇蛆烫死，晒至半干后装入玻璃瓶中，再放些白糖拌匀，拧紧瓶盖，放在阴凉通风处。白糖有防腐作用，而且可使蝇蛆的味道变得更好；④将蝇蛆烫死后完全晒干装瓶保存，钓鱼前取出蝇蛆，放入用白糖加食用香料的混合液中浸泡，待其膨胀后使用。

以上培养蝇蛆的废弃物不要随手扔掉，可以将它们收集起来灌入雪碧瓶中，每次取少量加水稀释后可用于浇花。

5. 田螺的饲养

田螺是多种肉食性鱼，如青鱼、乌鱼、鲶鱼、桂鱼等喜食的活性饵料，是一种上佳的钓饵。若平时进行小型家庭培育，需要钓饵时不必忙于张罗，使用起来十分方便。

① 饲养容器：田螺饲养若作商品性生产，需在稻田或专门挖制的饲养池中饲养，作钓饵用的少量田螺，可用陶、瓷质的缸、盆、罐或木桶饲养。

若采用玻璃或塑料的长方形箱体饲养，体积不必太大，用35厘米×20厘米×25厘米体积的箱即可。

② 幼螺来源：a. 自行捕捞：可直接从池塘或河沟中用手捞取；b. 诱捕：用炒香熟的米糠和泥土混合起来，加适量水捏成团粒，投放在池塘或小溪边，幼螺闻到香味就会前来取食，用手抄网（直径20厘米左右，网目1～1.5厘米）进行捕捞。

③ 喂养饲料：可用鲜嫩的菜叶和浮萍，并用少量的豆粉、细米糠、麸皮末搭配喂饲，田螺食量很小，不必多喂，否则会污染饲养环境，不利于田螺的生长。

④ 操作要点：饲养时，先在容器底部垫放8～10厘米厚、含较多腐殖质的园土，如有池塘底挖出的肥污泥最好。上面再加6～10厘米深的河水或池塘水；若用自来水，必须先将自来水放入盆或桶内，停放2～3天后再加入，不可用含有硫、铁等物质的泉水。

容器内可适当放些藻类或其他水草，再放几块较大干净的石块，让石块露出水面5～8厘米，供田螺有时爬在石块上休息。

小田螺经30～40天饲养长成中螺后，体重已达4～6克，这时容器中水深应增加3～5厘米，并增养几棵浮萍或水浮莲，既可供其食用，又可供其作为隐蔽之需。投喂的饲料撒在水面上即可。

长大成大螺时，每天需投喂饲料两次，并捞去水中残渣污物；每隔2～3天，要换去一半老水，加入一半新的清水；夏天要天天换去一半老水，加入水温相同的新水。

水的酸碱度应以偏碱性为好，应保持pH为7～8，水中需有一定的含氧量。

田螺很忌高温，当夏季气温升到30℃时，应将其转移到凉爽通风处饲养，冬季室温降到10℃时，应设法为其保温，否则它难以存活。

（二）常用天然植物性钓饵的种类与用法

天然植物性钓饵包括各种水、旱草，蔬菜、块茎、粮食和水果等，它们都是钓草食性鱼类的上好钓饵。

1. 水草类钓饵

水草类钓饵可分为沉水植物、挺水植物、浮叶植物和漂浮植物。

① 苦草：又名扁担草、面条草、龙须草等。属多年生沉水无茎草本植物，匍匐茎，叶片狭长如带，呈碧绿半透明状。叶丛生，叶片长度随水位深浅而有差别。叶边缘有小锯齿，以匍匐茎在水底砂泥中蔓延繁殖。生长在湖泊、河流、沟渠中，我国从南至北均有分布，是钓草鱼、鳊鱼、鲂鱼的上好钓饵。

② 黑藻：又名轮叶黑藻、灯笼草、蜈蚣草。属苯菜科，多年生沉水草本植物。植株高大，茎细长呈圆柱形，多分枝。叶淡绿色，披针形，4～8片轮生，雌雄异株。生长在池塘、湖泊、缓流的沟渠和河流中。当生长达到水面后，还可以向水平方向生长，全国各地均有分布。选取嫩草尖可用于钓草鱼、鳊鱼和鲂鱼等。

③ 水浮莲：多年生宿根浮水草本植物，因它浮于水面生长，在根与叶之间有一像葫芦状的大气泡，故又称水葫芦。花为多棱喇叭状，花色艳丽美观，叶色翠绿。该植物管理粗放，是美化环境、净化水质的良好植物。现全国各地均有分布，是草食性鱼类的上好天然饵料。

④ 水花生：又称空心莲子草，苋科，是一种多年生宿根性杂草，原产巴西，具有药用价值。水花生生命力强，适应性广，生长繁殖迅速，水陆均可生长。有营养，适口性好，是草食性鱼类爱吃的天然钓饵。

⑤ 芜萍：又称微萍、飘莎等，属浮萍科，是种子植物中最小的一种，叶状体近椭圆形，浮在稻田和池塘坑洼的水面上。因其营养丰富，是多

图 17　植物性天然水草类钓饵

1. 苦草；2. 黑藻；3. 水浮莲；4. 水花生；5. 浮萍

种鱼类，尤其是草鱼、青鱼的良好饲料。夏季钓草鱼、鳊鱼时，将细小的芜萍打成浆，兑入面粉中和成面饵，特别是在没有芜萍的池塘中垂钓，用其特有的清香味诱鱼上钩，垂钓草鱼、鳊鱼效果特别好，有兴趣者不妨一试。

⑥ 紫背浮萍：又称紫萍、浮萍，属浮萍科。叶面绿色，背面紫色，根丝状直接长在叶背上。新个体以带状的短柄相连成为群体，生长在水田、池塘、水沟内。夏季繁殖迅速，秋末冬初形成冬芽沉入水底越冬，母体则枯死。翌年春季，冬芽浮至水面，萌发为新个体。是草鱼、鳊鱼和鲂

鱼等喜食的饵料。

2. 旱草类钓饵

旱草类钓饵有很多,鱼塘、河边潮湿地带的许多野草、野花都可用来钓鱼,诸如狼尾草、野莴苣、碱草、羊草、野豌豆、芦苇的芽芯等,以及各种瓜果藤和其花朵,信手拈来都可以钓鱼。

① 三叶草:又名车轴草,属多年生草本植物。主要有两种类型,即白花三叶草和红花三叶草。三叶草是优质豆科牧草,茎叶细软,叶量丰富,蛋白质含量高,纤维含量低,既可放养牲畜,又可饲喂草食性鱼类。垂钓时,可取其嫩叶装钩,专钓草食性鱼类。

② 稗草:又称水田草、水稗草、野稗草等,生于湿地或水中,是河边、沟渠和水田四周较常见的杂草。该草营养价值较高,不论鲜草还是干

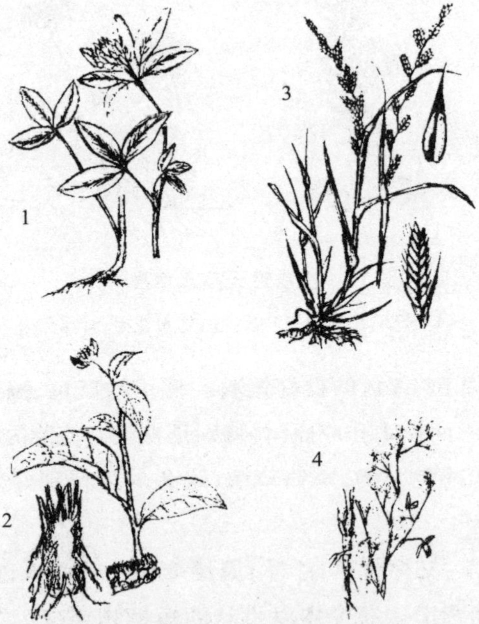

图 18 植物性天然旱草类钓饵

1. 三叶草;2. 聚合草;3. 黑麦草;4. 紫苜蓿

品，马、牛、羊均喜欢食用。经常有人在干塘时将该草种在塘底，待草生长时，放水养鱼，使稗草淹没，这样既可喂鱼，又可起到培养浮游生物的作用。垂钓草食性鱼类作诱饵时，取稗草做底窝或浮钓做窝诱鱼均可；取其鲜嫩的叶还可以作草食性鱼类的钓饵。

③ 聚合草：又称紫根草、友谊草等，原产俄罗斯，属紫草科多年生宿根性草本植物。抗逆性强、耐热、耐寒、耐薄瘠。植株高大、再生能力极强，叶片宽大肥厚、青绿多汁，粗蛋白含量很高。因该草茎叶青绿多汁、清香微甜、适口性好，草食性鱼类、南美螺、鹅、鸭、鸡及猪、牛、羊等都喜爱吃。用于饲喂草鱼、南美螺可提高20%产量，有优质鱼草之称。取其嫩叶或嫩芽尖作草食性鱼类的钓饵，效果非常好。

④ 紫苜蓿：又称紫花苜蓿、蓿草、苜蓿等，是一种多年生豆科牧草。株高可达1米左右，三出复叶，互生，小叶呈卵圆形或椭圆形，花为紫色。该草不仅产草量高，而且草质优良，具有很高的营养价值，适口性好，各种家畜均喜食，制成草粉或颗粒饲料，可直接作为畜、禽、兔、鱼的全价配合饲料。取其嫩芽，也是垂钓草食性鱼类的上好钓饵。

⑤ 黑麦草：又称意大利黑麦草，为多年生或一年生禾本科黑麦属植物。适应性较广，能耐盐、耐瘠、耐湿、耐寒。其根系发达，分蘖较多，再生力强，病虫害少，茎叶柔嫩，产量高，是养鱼的好饲料。取其茎叶可做窝诱鱼，或作钓饵诱钓草食性鱼类，均能取得较好的效果。

3. 蔬菜类钓饵

① 青菜、大白菜、包菜：这3种蔬菜的菜心都是比较好的钓饵。它们不仅有较高的营养价值，而且鲜嫩，有清香味，是草鱼很喜欢吃的钓饵。在水温适宜的夏秋两季，用粗线、大钩挂上鲜嫩的菜心作浮钓和悬钓，可钓到草鱼和大鳊鱼。如果把菜心卷折起来挂钩（为了防止菜心脱钩，可用细线捆扎在钩上），作拖钓、悬钓或沉底钓，不仅能钓到草鱼和鳊鱼，还可钓到鲫鱼、鳘鲦鱼、鲤鱼和鲴鱼。在每年的4～9月份，用蔬菜的嫩叶挂在钩上垂钓，不论用手竿和抛竿钓草鱼和鳊鱼，效果都很好。

图19　蔬菜类钓饵

1. 大白菜;2. 青菜;3. 包菜;4. 山芋;5. 南瓜;6. 茭白;7. 菱角;8. 莲藕

② 山芋:又称地瓜、番薯、红薯、白薯。夏天,用山芋的嫩茎和嫩叶作钓饵,很适宜钓草鱼、鳊鱼。山芋的块根,含有丰富的淀粉和维生素,到了冬天,能分泌出糖分,变得鲜甜可口,可作为我国多数地区在秋冬两季垂钓淡水鱼的好钓饵,尤其是垂钓大、中型青鱼、草鱼、鲤鱼的上等钓饵。若用红皮黄心山芋作钓饵,还可钓到鲫鱼、鳊鱼、鲴鱼和鲮鱼。将山芋蒸至8～9成熟,用刀切成1厘米的方块,晾至半干,放入麻油或白酒

中浸泡 2～3 小时后取出作钓饵，鲤鱼特别喜欢吃。另外，还可将山芋煮熟后剥去外皮压成泥，放些面粉和白酒调和（若不用白酒，可用麻油调和），捏成大团块晾至半干，垂钓时摘下一些搓成圆团，装上钩便可垂钓，可钓到鳊鱼、草鱼和鲫鱼。

③ 茭白：又叫茭瓜，每年 4～5 月份，和 7～8 月份，从这种植物中间都会抽出茭瓜苔，草鱼最爱摄食。垂钓者只要用茭白的嫩尖或嫩叶挂在钓钩上作悬钓或浮钓，草鱼就会前来争相摄食，上钩率很高。

④ 莲藕：夏末初秋的鲜藕，鲜嫩可口，莲花中结出的莲子，剥去皮，剔除苦味的莲芯后，都可作为钓饵垂钓，草鱼、鲤鱼、鳊鱼、鲫鱼都会来咬钩。若将荷根部较老的藕煮熟，切成 1 厘米见方的块，既香又糯，用这种藕块挂钩沉底垂钓，可吸引草鱼、青鱼、鲤鱼、鲫鱼、鳊鱼上钩，效果甚好。

⑤ 南瓜：又称北瓜、番瓜。待南瓜长成金黄色比较老熟时，将其切成 1～2 厘米的方块，用粗线、大钩和较硬的手竿，挂上这种南瓜方块，在深水和缓缓的活水水域垂钓，可钓到较大的草鱼、青鱼和鲤鱼。南瓜鲜黄色的花冠裂片，芳香鲜嫩，将其用作钓饵，以手竿或抛竿作浮钓，除可钓到草鱼外，还可钓到鲤鱼和鳊鱼。

⑥ 芋头：又称芋艿。芋头有母芋和子芋之分，母芋僵硬缺乏糯性，不适宜垂钓。子芋软糯，富胶质，有香味，将其煮熟后切成 2 厘米见方的块，晒至半干（不晾干太软滑，易脱钩）作为钓饵，效果甚好。长江、黄河流域沿岸所产芋艿香气较足，较适宜作钓饵，其中又以称作香粳芋的，作钓饵更佳，可钓草鱼、鳊鱼、鲫鱼、鲴鱼等鱼类。

⑦ 菱：又称菱角、水栗，其中以产于江南地区的红菱品种最佳。将菱剥去外壳，大菱肉切成 2 块或 4 块，小菱肉不切整用，以菱肉作钓饵，可钓取鲫鱼、鲤鱼和鳊鱼。整个较大的菱肉，可用硬竿、粗线、大钩钓大草鱼。将剥去外壳较老的菱肉煮熟，晾至半干后上钩垂钓，可钓取鲤鱼、草鱼、青鱼；熟菱肉晒干碾成粉后，加入面粉糅合成团，再切成小块，可以垂钓青鱼、草鱼、鳊鱼、鲫鱼、鲤鱼、鲴鱼、罗非鱼等。

4. 粮食类钓饵

① 麦粒:不论是大麦麦粒或小麦麦粒,将其置于水中浸泡,使其胀大后即可穿在钓钩上,垂钩引钓,可钓取鲫鱼、鲤鱼、鳘鲦鱼、草鱼和鳊鱼等。

② 玉米粒:以黄色硬粒型的玉米作钓饵较适宜。用鲜嫩的玉米粒挂上钩,可钓鳊鱼和草鱼;若用较老的玉米粒煮熟为钓饵,用手竿或抛竿作沉底钓或悬钓,可钓到鳊鱼、鲤鱼、草鱼和青鱼等鱼类;如将玉米粒晒

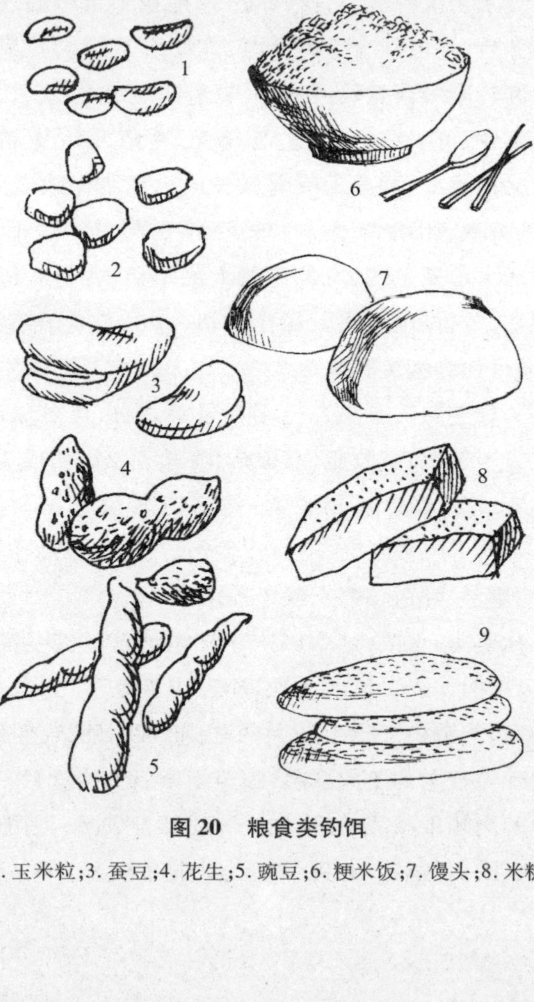

图 20　粮食类钓饵

1. 麦粒;2. 玉米粒;3. 蚕豆;4. 花生;5. 豌豆;6. 粳米饭;7. 馒头;8. 米糕;9. 面饼

干碾成粉，和其他各种粮食粉末混合，可制多种良好的钓饵。

③ 蚕豆：蚕豆花具有香气，可作钓饵，用于浮钓，可钓草鱼和鳊鱼。用新鲜的蚕豆豆粒作钓饵，用浮钓法可钓到草鱼和鳊鱼；干的蚕豆老粒，放在水中浸1～2天，使其软化后将皮剥去，上钩垂钓，可钓青鱼、鲤鱼和草鱼，但从效果来看，不如新鲜蚕豆粒。

④ 粳米饭：米有粳米、籼米、糯米之分，作为钓鱼用的钓饵，以晚稻粳米煮成的饭粒较为适宜。尤以新粳米更富香味，黏性好又有弹性，鱼儿较喜欢吃。这种新粳米的饭粒可用来钓鲫鱼、鳊鱼和小鳌鲦鱼等小型鱼类，效果不错。若用新鲜粳米煮出的米饭搓成饭团，用硬粗较长的手竿、粗线、大钩，装上饭团垂钓，能钓上大草鱼和大鲤鱼，甚至还能钓上大青鱼。但更多的垂钓者是用软竿、细线、小型钩，钩上只用一二粒粳米饭粒垂钓，小型鱼类的上钩率较高。

⑤ 米糕：是用糯米粉或粳米粉掺入少量面粉和白糖，放入蒸笼蒸制而成。将刚蒸熟的米糕切成小块，搓成直径0.4～0.6厘米的小圆团，放在麻油中浸一下捞起，用小罐装好。垂钓时取一个米糕团子装在钩上入水，可钓鲫鱼和鳊鱼。若用稍大些的米糕团装在粗线、大钩上，可钓到鲤鱼、草鱼、青鱼和较大的鳊鱼，尤其在较浑浊的肥水中垂钓，上钩率更高。

⑥ 馒头：是在面粉内加入发酵料糅和后蒸制而成。若掰下一块将其捏实，使之变成结实的面块，上钩垂钓可使钓饵连钩沉入水底，可钓草鱼、鲮鱼、鲤鱼、鲴鱼和鲫鱼。但馒头有个缺点，由于它是疏松的，入水浸泡几分钟就碎化。有些垂钓者将馒头切成约1厘米见方的小块，放在麻油内煎成金黄色再垂钓，这样在水中浸泡的时间可以耐久些，由于麻油能散发出香气，对鱼的吸引力、上钩率会更高一些。

⑦ 面饼：是不用发酵剂而直接用水和面粉调和，放在锅里烙熟的硬面块，俗称死面饼。因面饼中间没有空隙，能沉入水底作沉底钓。用面饼作钓饵的引鱼率虽比不上馒头，但它在水中经得起较长时间的浸泡不化开，若想增强对鱼的引诱力，可在面饼外涂上些麻油，或放在白酒中浸

泡一会再用，就成为较好的粮食钓饵了。

5. 水果类钓饵

① 桑葚：紫红色桑葚是一种富含维生素，色、香、味俱全的佳品，其味甘甜而微酸，许多鱼类都十分喜欢吃这种水果。在一些有桑树的水域，特别是有桑树枝斜伸在水塘上方的地方，有些成熟的桑葚或半熟的桑葚被风吹掉落入水中，这时常常有很多草鱼、鲫鱼，甚至鲤鱼、鳊鱼成群地聚集在这个地方，等候着桑葚掉落下来。从这一点就可以看出鱼儿喜食桑葚的程度。用桑葚饵垂钓，可以用手竿在湖泊、池塘边上垂钓，也可以用海竿甩抛到远处垂钓，尤其在有桑树的池塘边垂钓时，可以将饵钩有意突然投入水中，让它发出声响，使鱼儿以为是从树上掉落的桑葚，这时常常会有鱼猛冲过来，将钩吞进口中就跑，上钩率极高。

② 菠萝：这种水果肉色金黄，清香宜人，而且酸甜可口，用作钓饵，对鲤鱼、草鱼等素食性和杂食性鱼类有很大的吸引力。垂钓时，可将菠萝肉切成约 1 厘米大小的方块，将钩穿入至微露钩尖。下钩后，一般效

图 21　水果类钓饵

1. 桑葚；2. 菠萝；3. 草莓；4. 香蕉

果都很好。在没有鲜果的季节，用糖水罐头菠萝作钓饵垂钓，效果也很理想。

③ 草莓：是一种颜色鲜红、维生素 C 含量高、口味酸甜而有清香气味的水果，用作钓饵是垂钓草鱼、鲤鱼的上佳饵料。由于这种果品色、香、味俱美，对鱼儿有很强的吸引力。用草莓作钓饵有两种用法：一种是直接采摘半熟的草莓装钩垂钓，因为熟透了的草莓质地酥软，上钩难以挂牢，而半熟的比较坚硬，能钩牢，只要将钩尖刺入果肉，略露钩尖，就可下钩垂钓。二是将熟透的草莓捣烂，加入少许面粉调和成为浅红色、有香气、有酸甜味的钓饵，在钓钩上也能挂得牢，鱼的上钩率也较佳。

④ 香蕉：这种色彩鲜黄、香气清幽、滋味甜糯的水果，不仅人类爱吃，鱼类也很欣赏贪食。用香蕉作钓饵有以下几种方法：

a. 用香蕉皮作钓饵：香蕉皮对人来说是废物，但可用作鱼的饵食。具体做法是：将香蕉皮剪成 1 厘米左右的方片或长方条，用 1～2 片挂在钓钩上，微露钩尖即可入水垂钓。

b. 以香蕉肉作钓饵：把不太熟的香蕉肉(需稍有硬度和韧性，熟透的香蕉挂不住钩)切成约 1 厘米见方的块，将钓钩尖慢慢地旋转刺入，只让钩尖微露出即成。

c. 制成蕉肉面饼饵：将香蕉肉捣烂，掺入和蕉肉同量的面粉和芝麻粉，加入少许水调和后蒸熟，待凉后搓成直径约 1 厘米的长条，再切成若干个约 1 厘米长的段子，将每个段子搓成圆形后即可上钩垂钓。该饵香甜可口，鱼儿爱吃，上钩率不错。

⑤ 龙眼：将龙眼剥去外壳、去掉内核，直接挂在钩上垂钓。此外，也可用龙眼的干品——桂圆，将桂圆肉干挂在钩上垂钓。由于鲜龙眼肉质白鲜甜、清香四溢，桂圆肉干紫红显眼、甘甜如蜜、香气浓郁，不仅草鱼、鲤鱼十分爱吃，其他杂食性鱼类，如鲫鱼、鳊鱼等也会闻到香甜气味后追寻而至，上钩率之高可想而知。但用龙眼垂钓，经济成本较高。

（三） 糟食钓饵（炸弹饵）的种类与用法

1. 香糟食钓饵

① 豆饼粉钓饵：把豆饼粉炒香后密封起来，垂钓前一日，加少量开水拌和，用瓶或罐装好盖紧，垂钓时再加入适量面粉，将其调至黏度适中即成。

② 玉米粉钓饵：将玉米粉（约2/3 量）、麦麸粉（约1/3 量）混合在一起，放入锅中炒香，晾凉后装袋。用时加些白酒和面粉揉成团，垂钓时捏取一小块作钓饵。

③ 豆饼粉、米糠粉钓饵：将豆饼粉（炒香）、米糠粉、米饭各 1/3，再加些面粉、少量曲酒，用水调和，放在罐中密封 1～2 天后便可使用。

④ 糠饼粉钓饵：将糠饼粉炒至半熟，加 1/3 米饭和少量炒熟的黄豆粉，再加少量曲酒，用水调匀，捏成团待用。

⑤ 豆饼粉、玉米粉钓饵：将豆饼粉炒香，再将玉米粉（约 1/3 量）和少量芝麻粉同时炒香，与少量黄豆粉、小米粉一起装罐，倒入适量曲酒，封存 1～2 天。用少量面粉与酒糟煮成面糊，再倒入上述原料，糅和捏成黏度适中的饵料，即可使用。

⑥ 菜子饼粉、玉米粉钓饵：将菜子饼粉、玉米粉各一半炒熟，加入适量米酒、少量黄豆粉、微量芝麻粉拌匀。用玉米粉和面粉煮成稀糊后放入上述原料，糅和捏成有适当黏度的饵料。

⑦ 玉米粉、豆饼粉钓饵：把玉米粉、豆饼（各 1/3），麦麸粉和面粉（1/3），用水和匀蒸熟，晾凉后加入少量香油、曲酒揉匀便可使用。

以上仅是一些例子，还有五合一、六合一以及多种原料加入不同香味料、甜味料组成的糟食，在此就不一一列举了。

2. 酸糟食钓饵

酸糟食大都以玉米粉为主料，约占总量的一半，再与豆饼粉、麸皮粉、面粉及少量酱渣、糕点、饼干渣混合后拌匀，放在阳光下晒 10 多天，吸收热量，以加快发酵进程。经发酵后，就成为既酸又甜、有香酸味的酸糟食的基料。这种基料的气味在水中散发极快，对鲢鱼、鳙鱼有很大的吸引力。即使相距很远，鱼闻到味后也会追寻而来。

若在这种酸糟食基料中再添加一些香味剂，如麻油等，对其他鱼种也具有较大的吸引力。

酸糟食以酸见长，可分为微酸糟饵和浓酸糟饵两种：微酸糟饵可钓喜弱酸的草鱼、鲤鱼等鱼类；浓酸糟饵宜钓喜浓酸味的鲢鱼和鳙鱼。下面介绍两个酸糟食的鲢鱼和鳙鱼的饵料：

① “六合一”酸糟饵：原料：玉米面40%，麦麸末20%，面粉10%，豆饼末20%，麻酱渣5%，红糖5%。制作方法：把面粉和玉米面用凉水和匀，蒸成窝窝头，趁热掰开、揉碎，把豆饼末和麦麸粉炒香，麻酱渣在2～3天前用温水泡软，装在塑料袋内，置阳光下暴晒，使其发酵。把上述6种原料一起放入容器内拌匀，加入鲜酵母（发2 500克面的量）与适量温水一起拌和揉匀，按每500克1袋分装在食品袋中。每袋用3层塑料袋包好封口，夏季晒10来天，天凉时晒的时间加倍，即可制成酸饵。

② 酸臭味鲢鱼和鳙鱼钓饵：用100克面粉与两块臭豆腐乳及少量臭腐乳汁一起调成浓糊，用文火调制成稠糨糊状装入瓶内（已成臭饵）。使用时，在已装在钓钩上、乒乓球大小的饵料底部挖个蚕豆大的洞，用竹片挖一团臭饵塞入洞内，填满即可。这种钓饵既有酸饵的酸呛味，又有腐乳的浓臭味，对鲢鱼、尤其是鳙鱼具有很强的吸引力。

以上两款饵料经钓鱼高手们多次试用，在同一水域中钓鲢鱼或鳙鱼效果最佳，一天能钓到几十千克鱼。

3. 腥糟食钓饵

腥糟食含有较多的腥味料，许多鱼种都喜欢摄食。尤其在春天，带腥味的糟食对鲤鱼、草鱼、鲫鱼、编鱼、鲢鱼、鳙鱼等都有极大的诱惑力。如：

① 以钓鲤鱼为主：豆饼粉25%，蚕蛹粉10%，混合饲料30%，鱼粉

10%，玉米粉10%，熟猪血15%。把上述各种原料放在一起拌匀，再加些面粉作为黏合剂，调至黏度适宜即成。

② 以钓鲤鱼、草鱼为主：玉米粉10%，麦麸粉20%，糠饼粉50%，鱼粉20%，再加入适量曲酒。把以上各种原料混合在一起拌匀，装在塑料袋内密封一昼夜。需要使用时再加些面粉和水，揉搓均匀，使其黏性和干湿度适宜即成。

③ 以钓多种鱼类为主：玉米粉40%，鱼粉10%，虾粉10%，炒熟的麦麸粉40%，糖精少许，曲酒少量，加入适量水调拌均匀，用适量面粉作为黏合剂，调至黏度适宜即成。

八、饵料装钩方法

1. 动物性饵料装钩法

① 蚯蚓：蚯蚓有“万能”钓饵之称，被多种鱼类所喜食。蚯蚓品种很

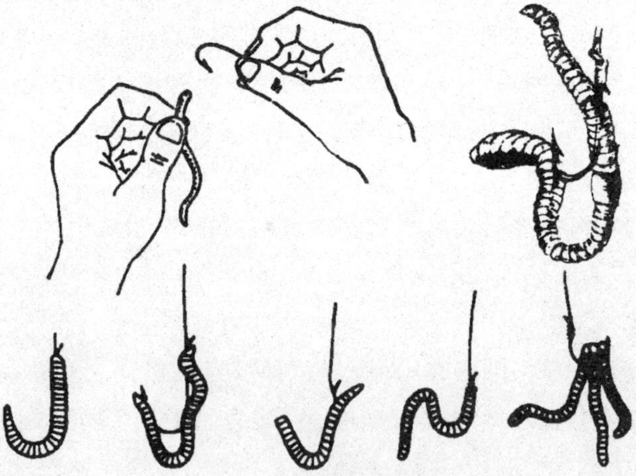

图22 蚯蚓装钩示意

多，体色有红、棕、紫和绿色等，垂钓以有红色光泽的小蚯蚓为好。装钩时，可将蚯蚓截成小段来装，这样可节约钓饵；也可整条来装，优点是便于蚯蚓在水中蠕动，以吸引鱼类；还可多条一起装，这样钓饵目标大，适宜吸引口大、视力较差的鱼类，如鲶鱼、乌鱼等。

② 蝇蛆：蝇蛆含蛋白质较多，气味浓烈，诱鱼力强，且颜色洁白，目标明显，易被鱼儿发现，是垂钓者喜爱用的一种钓饵。

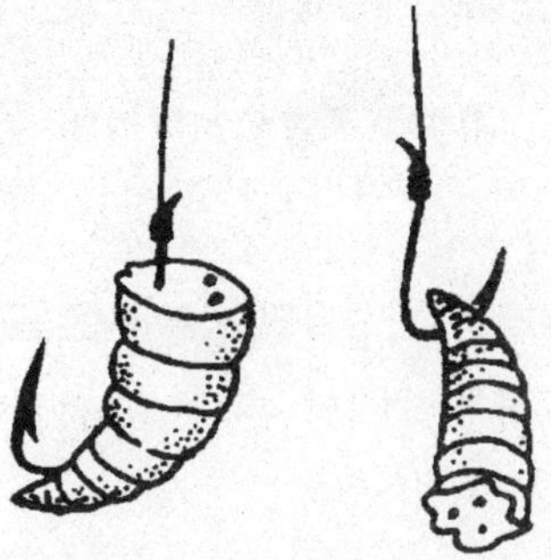

图 23　蝇蛆装钩示意

用蝇蛆装钩，不必截断，可整条使用。装钩方法：一是尾部刺入法。蝇蛆尾部粗大、平坦，上有 3 个小孔，钩尖可从一孔刺入，经腹部自头部透出。二是头部刺入法。蝇蛆头部尖细，钩尖横穿头部，露出倒刺即可。也可一钩装多条蝇蛆。用蝇蛆装钩，一般应使钩尖略裸露，因为蝇蛆皮质坚韧难以刺透，鱼咬钩时容易逃脱，如果裸露钩尖易于使钩尖刺入鱼唇，能提高垂钓效果。

③ 面包虫、菜青虫：面包虫色黄白，似蛆非蛆，也称干蛆。面包虫身长 2 厘米左右，被多种鱼类所喜食，是一种很好的钓饵。装钩时，应从头部刺入，像装蚯蚓一样，要盖住钩尖；也可竖穿 2～3 条，再横穿 1 条，使面包虫一半盖住钩尖，一半呈下垂状，用作钓大鱼。

菜青虫是吃绿色植物的害虫，也是一种较好钓饵。菜青虫个体大小不一，装钩时，应从青虫肛门刺入，穿透虫体，使钩尖微露；也可将青虫尾

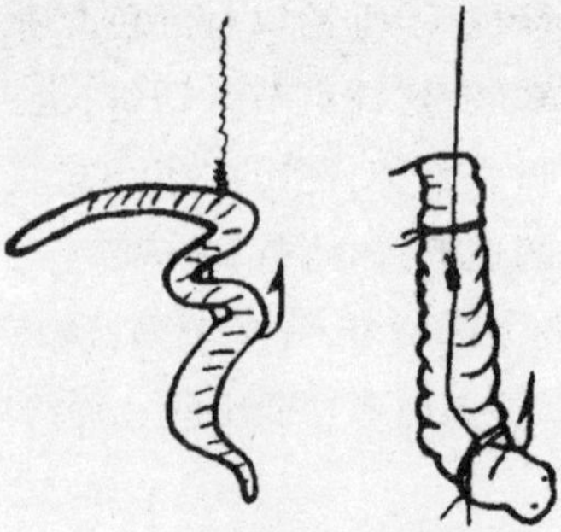

图 24　菜青虫装钩示意

端横向钩住，悬于钩上。

④ 蚂蚱、蟋蟀：装钩时，应先将其翅膀和大腿去掉，将钩尖从颈项部刺入，直至尾部，不使钩尖外露即可。

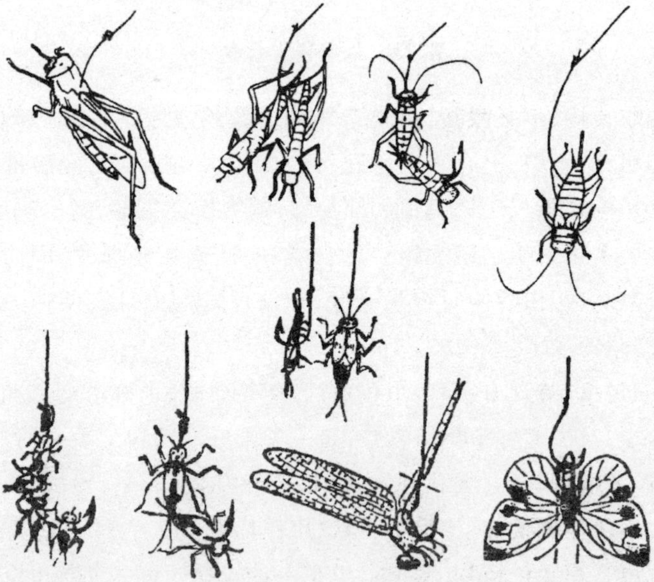

图 25　蚂蚱等装钩示意

2. 植物性饵料装钩法

① 饭粒、麦粒、豆粒等：饭粒色洁白，味清香，大小适中，鲫鱼、鲤鱼、鳊鱼、草鱼等均爱吃。饭粒钓饵应选粳米、糯米饭粒，因其有一定黏性，能较牢固地附着在钩上。装钩时，钩尖从饭粒长度方向慢慢刺入，注意：不能让饭粒开裂，使钩尖微露即可。

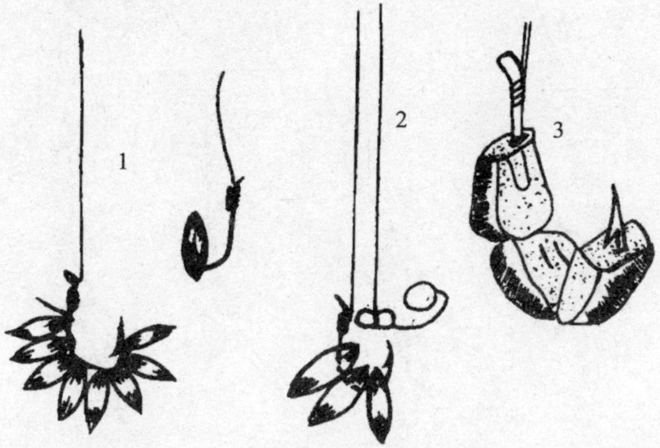

图 26　粮食装钩法

1. 麦粒装钩；2. 饭粒装钩；3. 玉米粒装钩

麦粒饵：可用富含浆汁未成熟的青麦粒直接装钩，也可将青麦粒用白酒浸泡后再用，其味更清香。成熟的麦粒需先浸泡，然后煮熟再用。装钩时，钩尖从麦粒中部横向穿透，微露钩尖即可。

豆粒：一般用新鲜毛豆、青豆、豌豆等。未成熟的嫩豆可直接装钩；老豆需蒸熟或煮熟，再用白酒浸泡，效果会更好。装钩时，钩尖横向穿透豆粒的腹部，微露钩尖即可。

② 瓜果：香蕉、草莓、桑葚、菠萝、南瓜、甘薯、土豆等均可作钓饵。草莓和桑葚等个体较小，可直接装钩。香蕉与香蕉皮需切成小块再装钩。南瓜、甘薯、土豆等均要烤或煮至半熟，然后切成小块，再装钩使用。

③ 面食：面食饵有“素饵之王”之称，被多种鱼所喜食，特别是在夏

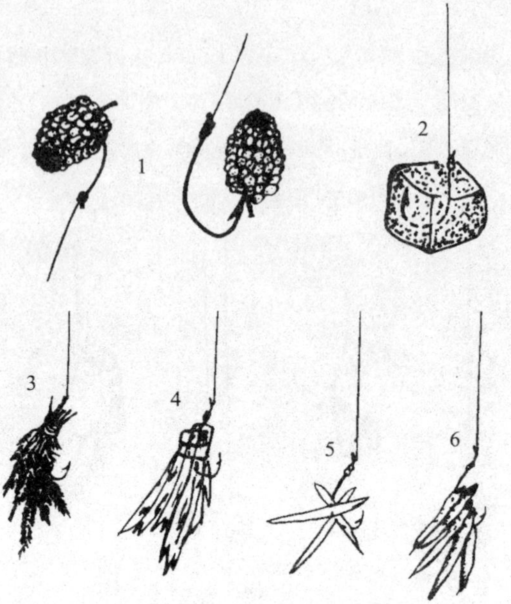

图 27　瓜果蔬菜装钩法

1. 桑葚装钩;2. 红薯块装钩;3. 藻类装钩;4. 蔬菜叶装钩;5. 芦苇芯装钩;6. 茭白芽装钩

季使用,效果更好。制作面食的原料大多是玉米粉、小麦粉,或两者的混合粉。

制作方法:一是蒸,二是煮,还有就是揉。

蒸:将玉米粉(或混合粉)用细筛过一下,再用开水冲烫,做成窝窝头状,入锅用大火蒸 15 分钟,出锅冷至不烫手时,用手反复揉搓,使之有弹性不黏手即可。如能在其中加入一些麻油或适量白酒,掺少许"食红"、"食黄"颜料(商店有售),效果将会更佳。

煮:制作原料同蒸面食,将粉料用冷水和之,做成饼条状,放入沸水锅中煮熟,然后取出晾凉,用手揉搓成形备用。

揉面:到达钓场后,将面粉直接用塘水和好,反复搓揉至不黏手即可,要注意:宜软不宜硬。

图 28　面食制作过程（蒸）

1. 玉米面过 80 目以上筛；2. 加开水；3. 搅拌；4. 做成窝头；5. 窝头放锅内蒸；6. 反复揉搓；7. 装瓶（袋）密封

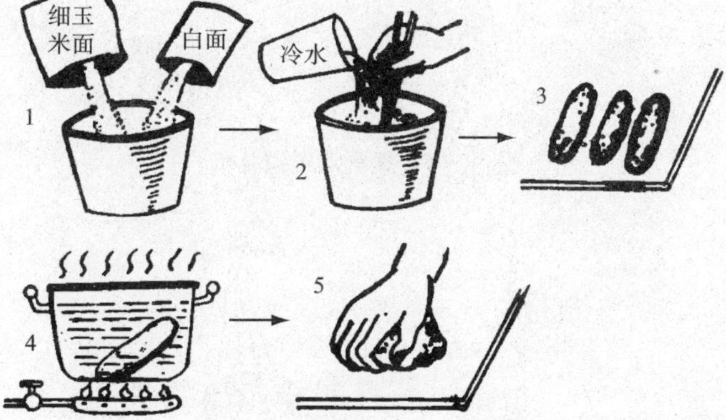

图 29　面食制作过程（煮）

1. 用 70% 细玉米面加 30% 白面混合；2. 加冷水拌和；3. 做成长条饼状；4. 放入沸水锅内煮熟；5. 用手揉搓

装钩时，取少许面团，搓成绿豆或黄豆大小的粒，直接装在钩上垂钓。手竿面食单钩挂饵，手竿面食双钩挂饵，手竿双钩、四钩大饵团挂饵及投竿组钩面食挂饵，分别见图 30－1、图 30－2、图 30－3、图 30－4 图示。

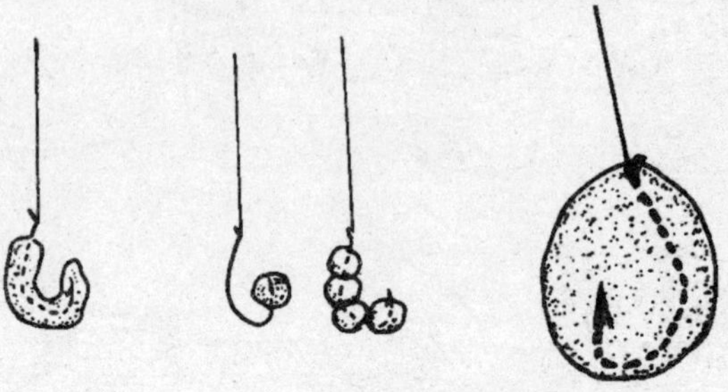

图 30－1　面食单钩装饵

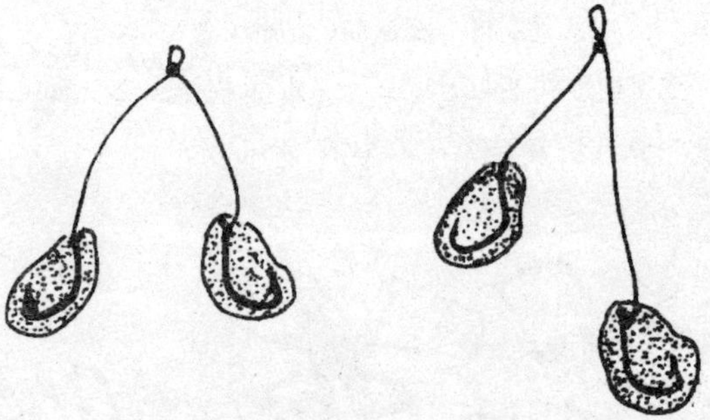

图 30－2　面食双耳钩装饵

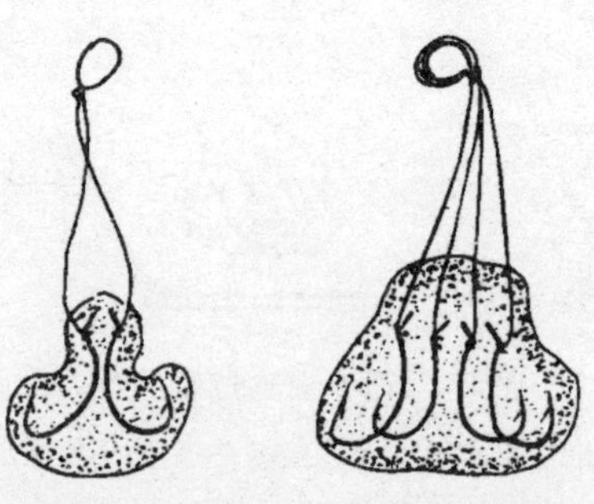

图 30－3　面食双钩、四钩装饵

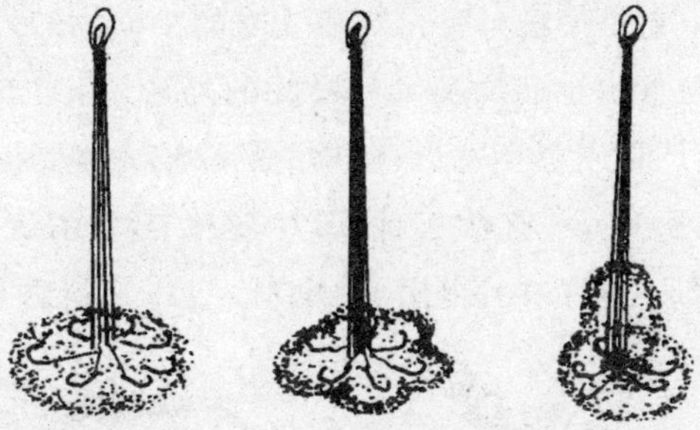

图 30－4 投竿组钩面食装饵

④ 糟食炸弹饵的装钩：先取一团鸭蛋大小的糟饵，搓捏成团，紧实后再掰开，将 6～8 只组钩的脑线从糟食团的中间嵌入，再把各钓钩均匀地排列在四周，钩尖向内，钩背朝外，嵌入饵团中后拉紧脑线，攥紧饵团，把钓钩藏在饵团中即成。

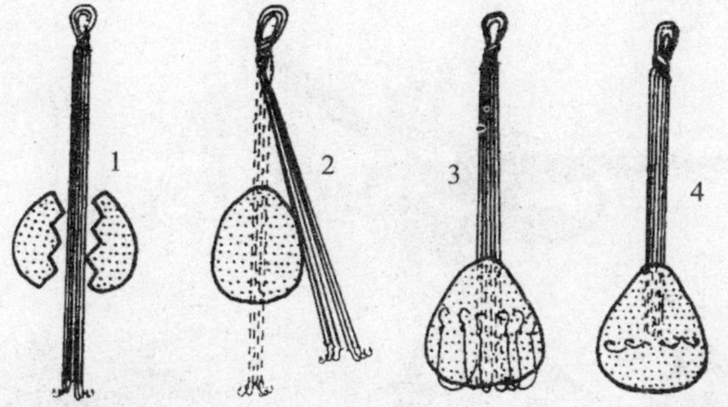

图 31 糟食装钩法

1. 用手攥紧后再掰开；2. 嵌入脑线；3. 钩背朝外嵌入；4. 拉紧脑线藏钩于饵团中

九、模 拟 钓 饵

模拟饵又称假饵，之所以称为假饵，是因为它根本不是鱼儿可以吃的饵料，是假的。它是模仿各种鱼类喜欢吃的小动物的外形，如小鱼、小虾、苍蝇、蚯蚓，与水生小动物及某些动物的外形，用人工制作而成假的钓饵。其原理就是利用鱼类视觉、触觉上的缺陷，引诱其上钩。

模拟饵的品种很多，有数百种，其中绝大部分由天然或人造的羽毛、皮毛、塑料薄膜、碎布片、金属、软木料、泡沫塑料颗粒等材料制成。

图32 常见的模拟饵钩

一般可以制成虾形、鱼形、泥鳅形、苍蝇形、青蛙形、毛虫形、蚯蚓形、鼠形、蛆形等形状，以引诱那些以肉食为主、生性凶猛的鱼类上钩。因为生性凶猛的肉食性鱼类大多都有一种共同的习性，那就是见到它所爱吃的小动物饵食后，不会仔细去识别真假、好坏，就像饿虎吞羊似地猛然冲上前去，大口地将饵食吞食进去，这就正好满足使用模拟饵垂钓者的愿望。

人们正是了解了这些凶猛鱼类的摄食特性，才精心制作了各种各样的模拟饵，将钓钩隐藏在模拟动物的腹部或尾部，以诱使鱼儿上当。人工制成的模拟饵，并不要求做得和真动物一模一样，但它在水中的动态，应类似于某种动物，鱼儿才可能以为是真饵而扑上去大口捕食。所以模拟饵在入水以后，垂钓者应不断地挥动钓竿或靠绕线轮来控制模拟饵做相应的模仿运动。例如青蛙的跳动、鱼虾的游动以及苍蝇、飞蛾的水面飞行动作等，这样才能使鱼儿误认为是活的动物，从而上当被钓。

那么，为什么人们有了真饵，还要用假饵呢？用模拟饵有哪些优点呢？

① 方便省事：钓饵的取得，是垂钓者最伤脑筋的一件事，垂钓出发前，经常要花很多时间去张罗钓饵。就以“万能”钓饵蚯蚓来说吧，有时要找多处才能找到，而且常常要花费半天时间，才能完成这项麻烦的工作。而用模拟饵就没有这些烦心的事。

② 效果好：在钓一些肉食性凶猛鱼类时，只要模拟饵制作得像模像样，在水中的形态能够酷似这些鱼所爱吃的动物模样，而且在垂钓时，将钓竿不时地作出某种程度的颠动，垂钓的效果不会比用真饵的效果差。

③ 经久耐用：模拟饵不像真饵那样需要天天找、天天换，它用过以后，只要不严重损坏，可以使用很长时间。如果能在外表涂点麻油或酒等添加剂，不但垂钓效果较好，还可以使用多次不必频繁更换。

④ 钩得牢：用真饵垂钓，钓饵常常容易脱钩，有时不知什么时候钓

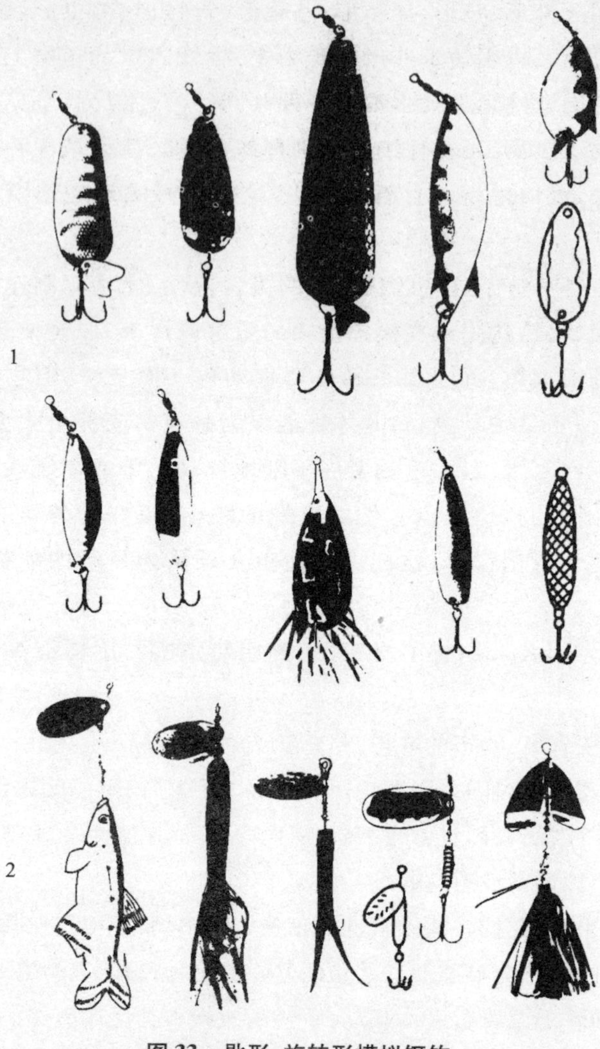

图 33　匙形、旋转形模拟饵钩

1. 匙形模拟饵钩；2. 旋转形模拟饵钩

饵已不在钩上了，如果不经常起钩检查，将一无所获。有时钓饵带得不多，经过几次脱钩换饵，或钩上的饵被鱼吃掉了，钓饵用完了，只好提前回家。但用模拟饵就不会出现这些情况,想钓到什么时候都可听便。

⑤ 干净卫生:在各种真饵中,垂钓效果最好的,往往是最不卫生的。但模拟饵没有这个缺点,干干净净、无臭无腥,所以国外垂钓者都特别喜爱使用模拟饵垂钓。

值得注意的是:模拟饵更适宜海钓,在淡水钓中,效果并不十分理想。

十、一年四季垂钓用饵变化

水温的变化,直接影响鱼类的觅食活动。水温是随着季节变化而变化的,所以说不同的季节,垂钓效果也不同。一般说来,春秋两季是钓鱼的黄金季节;夏季和冬季是钓鱼的淡季。

表1　鱼儿随季节活动的一般规律

季节	活动规律
初春	一般在水的下层栖息,无食欲
春季	一般在中、下游深水区附近的浅水处游动觅食
夏季	一般在中、下游深水区的深水处游动觅食
秋季	一般在中、下游深水区的岸边或水草处游动觅食
初冬	一般在下游的向阳面游动或觅食
冬季	一般在下游的深水区栖息

(一) 春季钓鱼用饵诀窍

1. 春钓的气候特点

春季有3个月,3个月中,前后气候和气温都有很大变化:初春时,气温还较低,鱼儿很少活动和需要进食,所以2月、3月上旬,还不是很适宜钓鱼的时期。这时垂钓，在较深的水层中，虽然也有些鱼会上钩，但为数甚少。

表 2　春季钓鱼时间表

季节	天气情况	早晨（5～10 时）	中年（10～14 时）	下午（14～18 时）	夜间
春季	早春寒流	×	√	×	×
	晴天	√	√	√	√
	阴、有小雨	√	√	√	√
	小雨、中雨	√	√	√	×
	东风、东南风、东北风	√	√	√	√
	西南风、南风	√	×	×	√
	雾天	×	×	√	×
	闷热	√	×	×	√

真正适宜春钓要到春末的 4 月份。这时树叶开始萌芽，万物复苏，气温逐渐上升，鱼儿开始缓缓游动，也开始有了食欲。待到 4 月下旬，阳光明媚之际，鱼儿特别需要食物补充营养，以恢复体力和适应产卵繁殖后代。这时的各种水生植物受到温暖的阳光照射后迅速生长，加之水温上升后，鱼儿从深水区游到浅水区，特别喜欢游至浅滩处觅食并活跃地纵情游弋。

2. 春天钓鱼做窝技巧

春季天气由冷逐渐转暖，有一个渐进的过程。早春时节，天气还较寒冷，尤其早晨和晚上气温更低，这时出钓，只能在阳光明媚的晴天，上午 9 时以后至下午 4 时以前，气温稍高的这段时间内可以垂钓。着重选好钓点，更重要的是在已选好的钓点上投入诱饵，把鱼儿引诱到钓点，以提高垂钓的效果。

从鱼情上看，由于天气由冷逐渐转暖，气温逐渐上升，鱼类由冬眠状态转入复苏期，活动量加大，食欲旺盛起来，而这时水中的天然饵料还很少，鱼儿饥不择食，同时鱼儿逐渐进入繁殖产卵期，更需大量食物来补养身体，以满足生长与生殖的需要。这时鱼群觅食范围较广，不易群聚，大多在近岸和有大片水草的浅滩区觅食。

根据春季气象和鱼群的特点，在池塘、湖泊、水库垂钓做窝的诱饵主要用粮食类，诸如碎粳米、玉米、糠饼、豆饼、麦麸等，如用酒泡粳米、酒糟拌粳米或小米、药米，效果将会更好。做窝时需要注意以下几点：

一是在面积较大水库、湖泊做窝，诱饵宜粗细兼备，用量可稍大一些，一般每个窝点投放诱饵150克左右，可以多做几个窝子，一般每个窝子钓到2～3条鱼，就要换个窝子再垂钓，并注意不断补充饵料，争取每个窝子多钓几条鱼。

二是在水草茂密处做窝时，宜选1～2米深的浅滩，尽量用撒饵器打窝子，以减少对鱼的惊扰。诱饵以粳米为主，粳米具有天然的清香味，足以起到很好的诱鱼效果，无需添加配料，且量宜少不宜多。

三是在水草比较稀疏水域做窝时，宜用酒泡粳米、酒糟拌粳米或小米等做窝，投饵量宜多一些，每个窝点甚至可投放200克以上。这种水域一般鱼的密度小，品种较杂，但鱼的个体一般都比较大。通常每个窝子钓约半个小时，还没有鱼上钩，应立即换窝。如果水深在1米以内，没有鱼上钩时，不必续饵，应放弃另择钓点打新窝。水深在1.5米的水位，如有鱼上钩，可根据鱼情情况继续续窝。

四是在3～5米深水区做窝时，不管早春气候有多大变化，下水层水温相对保持稳定，而且下层水温略高于水面，是趋暖性淡水鱼类喜欢游弋、群居和觅食的场所。另外，深水域可隔断地面对水中鱼儿的人为干扰，鱼类感到很安全，可以放心大胆地活动。因此，在这种水域做窝诱饵量要大，可用碎粳米等细散的饵料打窝子。注意：尽量用撒饵器打窝子，诱饵落水要相对集中；如用黏性饵料撒窝，可将诱饵捏成饼状，包在鱼钩或坠子的上面，再轻轻地送到窝中；一旦鱼儿进窝，就不会轻易离去，因为鱼儿看到细散的饵料，“可及不可食”，馋得要命，又吃不尽兴，转来转去，三拣两拣便拣到钓饵上去了。在这种深水域垂钓，一般应每小时补一次窝子。

五是在郊外野塘垂钓，最好用酒泡粳米、酒糟拌粳米或小米、药米等做窝，而且诱饵量要大，气味一定要浓，这样诱鱼效果才会好，窝做好后等1～2个小时才能发窝。值得注意的是：在这种野塘垂钓，要了解该水域干涸过没有，要确定有人钓到过鱼，或捕获过鱼，这样才可以施钓。不过这种野塘，由于无人管理，鱼类不会很多。特别是瘦水塘，早春气温比较低，鱼的活动量又小，这时不宜垂钓。只有到了春末，气温比较高时，水温开始上升鱼类才活跃，食欲才会增加。如果一定要垂钓，要选晴朗的天气。

六是在开放性池塘垂钓，由于去钓鱼的人多、食广、味杂，鱼量又有限，鱼类极易受到惊吓，所以在这种情况下，科学做窝就显得更为重要。做窝时，诱饵量要适中，可偏多一些。除要注重诱饵的色、香、味外，更要注重诱饵的物理特性。良好的诱饵不仅要求色、香、味俱佳，还要有良好的雾化性、易溶性强。雾化性好，鱼易隐蔽，觅食有安全感；易溶性强，扩散迅速，加之饵料的香味浓郁，鱼窝诱鱼进窝力强，留鱼持久，随着饵料不断扩散，招鱼面积加大，还容易招致远处的鱼进窝。

3. 春天钓鱼用钓饵技巧

鱼类经过寒冬进入春季，随着气温逐渐上升，鱼类开始变得十分活跃，比较贪食。而这时水域中的天然饵料并不多，同时鱼儿逐渐进入繁殖产卵期，需大量的营养食物来补养身体，以满足生长与生殖的需要，食欲格外旺盛。因此这时是一年中垂钓的旺季之一。这时钓鱼的饵料一般以荤饵为主，素饵为辅，钓饵中最好有蚱蜢、蝼蛄等昆虫，如捕捉不到，用红虫、蚯蚓、蛆虫、面包虫、猪瘦肉等含蛋白质较高的食饵效果会很好。总之，钓饵应以荤饵为主，也可用带些香味的粮食类素饵。到了中晚春时，由于小杂鱼开始活跃，为了避其闹钩，钓饵可改用素饵，如面团、粳米饭粒、酒糟等，可以素饵为主。

在郊外湖泊、水库用海竿串钩垂钓时，由于海竿投得远，打窝子不方便，在串钩上用饵要灵活，用大蚯蚓、小蚯蚓或带有香、甜味的酒糟等素饵穿钩都可以，用素饵穿钩时要注意：饵料不宜过大，适口性要好。还可用荤、素饵搭配穿钩，既可以起到诱鱼入窝的目的，而且饵料有大有小，适口性又好，能钓到大鱼，一般鲫鱼也会咬钩。

（二）夏季钓鱼用饵诀窍

1. 夏天钓鱼难的原因

夏季天气炎热，人、鱼皆疲乏。经过一个春季的摄食，鱼类已不是那么饥不择食了，表层水较热，可达35～40℃，除趋暖性鱼类外，其他鱼类皆避入深水区，自然不宜垂钓。但可在早晨和傍晚，选择水草多的浅滩和不太深的水域钓“底鱼”；而白天和中午，宜钓上水层的“啪嘴子”鱼和浮钓草鱼、鳊鱼；晚间还可进行夜钓。

表3　夏季钓鱼时间表

季节	天气情况	早晨（5～10时）	中午（10～14时）	下午（14～18时）	夜间
夏季	晴天	√	×	√	√
	阴、小雨、梅雨	√	√	√	√
	中雨、大雨后	×	×	√	×
	暴雨、台风	×	×	×	×
	雾	×	×	√	×
	闷热	√	×	×	×
	阵雨之后	√	√	√	√
	东风、东南风、东北风	√	√	√	√
	南风、西南风	√	×	×	×

夏季天气炎热时，一般从上午9时至下午4时，这段时间气温非常高，不适宜垂钓。只能在上午9时以前和下午5时以后才适宜垂钓。

夏季多雷雨，一般雷雨过后，水温清凉，氧气充足，饵料丰富，鱼儿活跃，喜咬钩。连续阴雨转晴天气与多云天气，也是垂钓的好时机。这时光线忽明忽暗，水温由高转低，鱼儿活跃贪食。

夏末和立秋之时，也是一个水温适度的时期，整天都适宜垂钓，凌晨和黑夜也可放钓一搏。

2. 夏天钓鱼做窝技巧

根据夏季气温高和鱼类的特点，做窝时宜选择水域中深浅交接地带，最好是有水草或水草与干净地结合部，因为鲫鱼等底层鱼类一般都喜欢栖息在水底草棵里及周围活动。有垂钓谚语说："钓鱼无草，等于白跑"；又有谚语说"夏钓潭"。总之，夏天气温高时，窝子应尽量打在阴凉深水处或水草密集的地方。诱饵可根据鱼类的食性、夏季的特点和所钓鱼种来选择。夏天气温水温都比较高，除一些喜温度偏高的草食性鱼类外，大部分鱼儿食欲明显减退，因此用饵一定要有讲究。不过笔者认为，不论是诱饵，还是钓饵，都应以清淡为主，除肉食性鱼类外，以用素饵为主。夏季做窝与春季做窝一样，在池塘、湖泊、水库钓杂食性鱼类，诱饵主要还是用粮食类，如碎粳米、玉米、糠饼、豆饼、麦麸等，不同的是：诱饵的香、甜味要偏重些，如用酒泡粳米、酒糟拌粳米或小米、药米，研碎的鲜甜玉米粒，以及加了鱼类诱食剂的碎粳米、玉米、豆饼、糠饼等作诱饵，效果会更好。

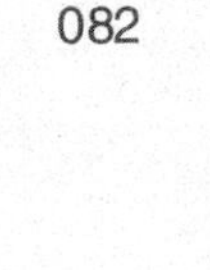

草鱼不怕热，即使在夏天的中午，也能钓到草鱼。根据其特点，可以用青菜、水草，在上午10时以后、中午、下午和傍晚之前撒于水面做浮窝；也可以把水草捆绑后，抛在1米左右深水域做窝，专钓草鱼、鳊鱼等草食性鱼类。

用新鲜的青草捆扎成把，并固定在较粗长的竹竿一头，事先投放到比较深的水域，也可以提前2～3天投放。这样的窝子可以多做几个事先投放，在多年没有干涸过的水域经常会有大青鱼入窝。

由于鲢鱼和鳙鱼有其特殊的生理构造，它们会利用鳃耙滤食浮游饵食，很少吞食较大的食物。这类鱼的嗅觉比较灵敏，对食物的气味极为敏感，喜食经发酵后带有酸臭气味的食物。所以，钓这类鱼时要投其所好，特意制作出带有酸臭味饵料。饵料具体制法见：第142～143页“水剂鲢鱼钓饵”、“水剂鳙鱼钓饵”和第143～144页“酸味鲢鱼的饵”、“鲢、鳙鱼钓饵”。

3. 夏天钓鱼用饵技巧

在上述“夏天钓鱼难的原因”一节中提到，夏季天气太热，人、鱼皆疲乏。经过一个春季的摄食，鱼已不那么饥不择食了，再说水层温度较高，除趋暖性鱼类外，其他鱼类皆避入深水，所以说夏天是钓鱼的淡季。不过，我们可以根据夏天和鱼类的特点，在早晨、下午、傍晚和夜间，选择适宜的钓点，用合适的诱饵做窝，精选适宜的钓饵，照样可以钓到鲫鱼、鲤鱼、青鱼、草鱼和鳊鱼，而且钓绩也会很好。

在上述“夏天钓鱼做窝技巧”一节中也谈到：“夏天气温水温都比较高，除一些喜温度偏高的草食性鱼类外，大部分鱼儿食欲明显减退，因此在用饵上一定要讲究。此外，笔者还认为，不论是诱饵，还是钓饵，都应以清淡为主，除肉食性鱼类外，应以用素饵为主”。进入夏天后随着天气开始燥热，水域中浮游生物、水藻类植物开始多了起来，鱼儿择食的口味也开始发生变化，大鱼一般喜欢素食，这时可选择一些粮食类素饵，诸如面饵、粳米饭粒、鲜嫩玉米粒、鲜麦穗等，垂钓效果显著。小鱼处于生长期，仍喜食蛋白质较高的食物，可用蚯蚓、昆虫等作钓饵。

夏季垂钓究竟应用何种钓饵，仍需要根据鱼类食性来选择，比如草鱼以食草为主，也食水果类素饵，如西瓜皮、桑葚等，还喜食粮食类素饵，如鲜嫩玉米粒、麦粒等；鲤鱼的食性更杂，荤素饵不忌。但鱼儿的食性又会因所生活的环境不同而产生差异。笔者曾遇到过这样的情况，有一年夏天，在一家工厂区的池塘内垂钓，该池塘长 60 米，宽约 20 米，四周用大块石材砌成，没有一棵水草，听工厂师傅说，该塘有大草鱼，于是我们就用青菜芯作钓饵试钓，结果整个上午都没见到草鱼的踪影，午饭后我用吃剩的猪瘦肉作钓饵，却先后钓到两条大草鱼，重量各有 2 000 克，其他钓友看到我连续钓到两条大草鱼，也改用同样的钓饵，结果也钓到了大草鱼。在草滩多的湖泊、水库中生活的草鱼就偏爱食草，而对其他杂食性饵料就会不感兴趣；在有螺蛳的水域，用素饵就怎么也钓不到青鱼；在湖虾丰富的水域，鲤鱼对酒糟、玉米粒等带香、甜味的饵料食欲也会大减。在多年没有干涸过的水域，用青草捆扎成把，并固定在较粗长的竹竿一头，提前 2～3 天投放到比较深的水域，用螺蛳肉、沼虾肉等作钓饵，经常能钓到 10 千克左右的大青鱼。所举这些例子，是想对钓友们说，外出钓鱼要对所去的江河、湖泊、水库等钓场的水情、鱼情了如指掌，特别在用饵上一定要对路，只有投鱼所好，才会有较好的钓绩。

值得提醒注意的是：到了 8 月份，鱼类进入第二次产卵期，大部分鱼类由于产卵而体力下降，食欲减退，摄食很少。

（三）秋季钓鱼用饵诀窍

1. 秋天鱼类生理活动特点

秋季来临后，随着气温的改变影响到水温的下降，鱼类的食欲远比夏季旺盛，一是因为鱼类产后为了恢复虚弱的体质，摄食量大大增加；二是由于秋季天气凉爽，温和，气候比较稳定，鱼类活跃，消化能力和摄食能力都比较强；三是它们需要摄入充足的养分，在体内储存足够的脂肪，以备漫长严冬的消耗，保证来年继续生儿育女，延续生命。因此，秋季的鱼比夏季好钓，吃钩率高，钓获量大，所以说秋季是垂钓的黄金季节。

表4　秋季钓鱼时间表

季节	天气情况	早晨（5～10时）	中午（10～14时）	下午（14～18时）	夜间
秋季	晴天	√	√	√	√
	阴、有小雨	√	√	√	×
	中雨、大雨后	×	×	×	×
	连绵阴雨	×	×	×	×
	台风	×	×	×	×
	东风、东南风、东北风	√	√	√	√
	西南风、南风	√	×	√	√
	刮西风、北风、西北风	×	√	×	×
	雾天	×	√	√	×
	下霜	×	√	√	×
	寒流	×	×	×	×

特别是中秋以后，气温已是不冷不热的时候，鱼儿觅食活动更为活跃，垂钓者可以全日在浅水处垂钓，特别是在阳光明媚时，浅水处的水温有所升高，鱼儿来到这样的层次游动多了起来，若在深1米左右的水层中放钩，可钓到较多翘嘴鲌鱼、鲫鱼和鳊鱼。

2. 秋天钓鱼做窝技巧

秋季，在江河、湖泊、水库的入口处，有随水带入的新鲜氧气和鱼儿喜食的各种杂食，鱼爱在这样的活水边洄游、觅食，如果附近有水草分布，那就更好了。此外，鱼儿也喜欢在有乱石和水草的沿岸深处游弋觅食。若想钓草鱼，应采摘些青草扎成把投入水中，可引得草鱼前来寻食。初秋时宜用浮钓，但到深秋水温转凉时，应根据当时的水温高低而改变下钩的深度，水温越低，钩应放得越深，需要恰当掌握。

打窝子也应选择较适宜的水域：一般宜选浅滩凹凸不平、底部有沟坎处，或是桥墩附近、码头旁边的洄水处，或是有树桩、木排、竹排、乱石堆等近边浅水活水处。

至于用什么诱饵做窝，秋季是食物最丰富的季节，鱼儿对荤、素饵都喜食。在郊外湖泊、水库等野钓做窝，诱饵和春季、夏季一样，主要用粮食类，如碎粳米、玉米、糠饼、豆饼、麦麸等。为增加诱鱼效果，可用白酒浸泡碎粳米、高粱米后晾干再用，或用少量酒糟拌碎米。在池塘、开放性垂钓的鱼池，因为春、夏两季垂钓的人较多，为了增强诱饵对鱼类嗅觉和味觉的刺激，一般都要在做窝的饵料中添加曲酒、香型原料和各种鱼类诱食剂，并尽可能使用新鲜、有诱惑力的饵料做窝。

诱饵用量的多寡也很有讲究，它直接影响到垂钓的效果。特别是在池塘、对外开放垂钓的鱼池，鱼儿因垂钓的人多而变得狡猾，当诱饵过多时，食源过剩，使鱼儿饱腹而去；诱饵过少时，食源不足，起不到诱鱼的作用，使鱼无诱而散。只有诱饵量适中并对路，才会使鱼儿既食不饱，又欲走不舍，留窝时间越长，越能增加钓获的机会，提高钓绩。有关添加鱼类诱食剂的问题，请详见本书“六、鱼类诱食剂在钓饵中的应用”一节。

具体施诱饵量的多少，要根据实际情况来定。如在面积较大水库、湖泊做窝，诱饵量要大一些，而且要粗细兼备，一般每个窝点需投放200克左右；水深、有大鱼、气温较低、风力稍大时，施饵量应加大，而且质地也要稍硬一点。相反，施饵量要小一些、质地要稍软一点。

在垂钓中心、对外开放垂钓的养鱼池、养鱼塘钓鱼，要考虑到小杂鱼的密度大小。小鱼越多，施饵量应越大，小鱼食饱了，自然就离开窝子。所以，只有重饵做窝，才能取得较好的钓绩。

至于打几个窝子为好，这要看鱼头的密度大小。鱼头密的水域打1～2个窝就够了。如水域广鱼头稀，需打3～4个窝轮番垂钓，哪个窝子上鱼多，就钓哪个窝子，并续投哪个窝子；而上鱼少或不上鱼的窝子，干脆就不再补窝。

关于续窝子的问题，垂钓中应根据鱼群摄食情况、饵料流失情况及时补撒诱饵,俗称补窝、续窝。补窝应注意少、轻、勤。

少:是指补撒的诱饵量应相对比第一次下窝的数量少。因为有的鱼儿已在窝里吃了不少食,还有的已吃了半饱,如再多撒饵,鱼吃饱了肚子肯定不会再咬钩。若原窝子里本来就没鱼来吃过,那么再补便是浪费饵料。

轻:是指整个补窝过程要轻,包括走路、讲话、饵料入水等,声音尽量要小。因为补窝时很可能窝子里及周围已经有鱼。如补窝动静太大,会惊跑鱼儿。

勤:是指为了能使鱼儿留在窝区,并不断上钩,除了每次补饵不要太多外,还应注意勤补。如在甲窝内钓了几条鱼后转钓乙窝时,应在甲窝内轻轻追补些饵,以便隔段时间再来钓。这样轮钓、勤补,可引诱鱼儿不断进窝,且不会离窝。

但要记住:如果某个窝中正频频上钩时,切忌画蛇添足去补窝,否则只能适得其反。补窝必须掌握好时机,一是上鱼速度明显下降时,二是钓上大鱼后搅乱了窝点时,都要及时补窝。

3. 秋天钓鱼用饵技巧

秋天是收获的季节,就钓鱼活动来讲,秋季的鱼和春季一样好钓,而且吃钩率高,钓获量大,是一年中钓鱼的黄金季节。因为鱼类经过春季的繁殖,夏季生长,到了秋季,已长得很壮实。这时为了越冬的需要,鱼类会加紧索取食物育肥,以便在体内储存足够的养分。从以往在郊外垂钓的经验来分析,这时鱼儿对食物要求的欲望非常强烈,杂食性鱼类大多都不择食,而且是入窝迅速,见饵就吃。

所谓鱼儿对食物要求强烈,见饵就咬,是指在郊外的野鱼塘、湖泊、水库等水域。虽然我们分别用荤、素饵的情况下都能钓到鲫鱼、鲤鱼,甚至用荤饵可钓到草鱼,但为了获得更好的钓绩,从钓鱼饵料上来讲,仍然要讲究用饵对路,所谓“对路”是指两个方面:

一是对准鱼的口味。这时的鱼类虽不择食,对荤、素饵都感兴趣,但我们到郊外钓场时，一旦发现鱼上钩的情况不理想，就需用几种钓饵进行试钓，也可将荤、素装在双钩上进行试钓，看鱼儿到底喜欢吃哪一种饵，只要我们用心观察、分析，就能确定该水域的鱼类最喜欢食的饵料，并专攻之，就一定会取得较好的钓绩。在鲫、鲤、草、鳊鱼混杂的水库用串钩钓时，可分别在有的钩子上挂嫩玉粒、麦粒、酒糟，而有的钩子上挂蚯蚓、昆虫，这样用荤、素搭配挂钩，各种鱼都有各自喜食的饵，便可大大增加上鱼的机会。同样用爆炸钩垂钓时，可用多种食物拌和，如用面粉、玉米粉、蚕豆粉、麸皮、粳米饭、曲酒和酒糟等拌和成糟饵。刚制成的糟饵酸味小，用来诱钓鲫鱼、鲤鱼效果好；时间稍长一点发酵变酸，用来诱钓草鱼、鲂鱼效果较理想；若气温高糟饵酸味很浓时，还可用来诱钓鲢鱼、鳙鱼。

在垂钓中心、对外开放垂钓的养鱼池、养鱼塘钓鱼，更要讲究饵料的对路。因为这些水域每天都有很多人去垂钓，鱼儿们什么样口味的钓饵都尝过，大部分鱼儿都已是美食家了，要想有好的钓绩，钓饵除要考虑色、香、味外，还要有针对性地添加必要的鱼类诱食剂。

二是给鱼类有较好的适口性。所谓适口性好，是指饵的形状大小要方便鱼摄入到口中。这一点往往会被钓友们所忽视，其实这对提高鱼类的咬钩率大有好处。一般来讲，钓大鱼时所用的饵形宜偏大一些。特别是用水果、山芋、土豆等作素饵时，一定要考虑鱼嘴的大小，要便于鱼儿好入口。在钓鲫鱼的水域，素饵用饭粒、黄豆、嫩玉米粒大小的饵即可，用水果、山芋、土豆等作钓饵时，不能太方，也不宜太大，具体大小和形状，宜做成与黄豆和玉米粒相仿最为合适。如钓小鲫鱼，饵宜做成比黄豆粒还要小的饵更合适。用荤饵时，仍要考虑鱼的适口性，蚯蚓、昆虫、草虾、蛆虫仍是这个季节钓鲫鱼、鲤鱼的上佳钓饵。用蚯蚓垂钓时，宜用粗一些、半条装钩，细的蚯蚓最好整条挂钩；钓青鱼、翘嘴鲌鱼时，可用小沼虾的后半节作饵挂钩。

（四）冬季钓鱼用饵诀窍

1. 冬天鱼类生理活动特点

冬天，气候寒冷，万物萧条，各种大小水域都水冷草枯，鱼类都已潜入水体的最深处越冬，活动量小，摄食很少，一般仅靠体内储存的养料和脂肪来维持生命。但越冬鱼类并不是绝对不活动、不觅食的，特别是一些个体较大的鱼，在基本适应寒冷之后，当风和日丽、水温尚未达到冰点的时候，仍然会游到向阳处的水域觅食、晒太阳。

我国地域广大，在长江以南各省，特别是最南部省市，地处热带和亚热带，冬季气温一般都在0℃左右，很少结冰，或仅结薄冰，即使结薄冰也会很快消融，在这些地区，冬天也可以照常垂钓。垂钓时间主要在中午前后。

表5　冬季钓鱼时间表

季节	天气情况	早晨（5～10时）	中午（10～14时）	下午（14～18时）	夜间
冬季	晴天	×	√	√	×
	寒流、北风、西北风	×	×	×	×
	南风、西南风	×	√	√	×
	下雨	×	×	×	×
	下雪前	×	√	√	×
	下雪后	×	×	×	×
	冰封后	×	√	√	×

但在我国黄河以北各地，所谓冬季钓鱼实际上是指“冰钓”，在冰面上凿孔而钓，关于冰钓的方法在此不作赘述了。

2. 冬天钓鱼做窝技巧

冬季的寒冷有一个渐进的过程。深秋至冬季，气候偏冷渐入寒冷期，特别初冬时期如同早春和晚秋一样，寒冷对鱼类的负面影响较小，鱼类正加紧索取食物以备越冬。这个时期选择合适天气去郊外湖泊、水库野钓，选择钓点和使用诱饵参考早春和晚秋钓鱼。真正到了冬季，由于气温的下降，水域表层温度也随之相应降低，鱼类都已潜入水体的最深处越冬，不太活动，摄食也很少。这个时期要想垂钓，一是要在有太阳的晴天，从上午 10 时至下午 3 时这段时间内进行（其他时间，很少有鱼上钩），二是尽量在光照时间长、背风的水域设钓点，投诱饵。

至于使用诱饵要求，根据这时鱼类都在水体的较深处，活动范围小等特点，不论是郊外的野塘、湖泊、水库，还是在垂钓中心、对外开放垂钓的养鱼池、养鱼塘垂钓，一是要在饵料（基本饵料不外乎是春、夏、秋天使用的粮食类，如碎粳米、玉米、糠饼、豆饼、麦麸等）中添加有香甜味一类的添加剂，尤其是在垂钓中心、开放性垂钓的养鱼池、养鱼塘垂钓，更应考虑在饵料中添加有针对性的鱼类诱食剂。二是尽量选择相对较深水域打窝子，而且投饵量要大，一般需用到 200 克左右。三是根据鱼类的密度打窝子，鱼密度较大时打 2～3 个窝子，密度较小时，需打 3～5 个窝子，轮流下钩。四是在鱼头密度不大的水域，要提前打窝子，如上午可提前到 9:30 时打窝子，耐心等待到 10:30 至 11:00 时开始垂钓，看哪个窝子有鱼星就在哪个窝子下钩。五是某个窝子钓到 3～4 条鱼，或钓到大鱼后都要及时补窝子。

3. 冬天钓鱼用饵技巧

初冬时，在郊外的野塘、湖泊、水库等水域垂钓，使用钓饵较为随意，因为这些水域中的鱼儿每天都处于半饱腹状态，不论荤、素饵都能引起鱼类的食欲，其他季节使用的钓饵也都可以使用。真正到了冬季垂钓，从上鱼效果来讲，所使用的钓饵应像早春一样，以荤饵为主。蚯蚓、红虫、蛆虫、草虾、猪瘦肉等是首先的钓饵。

冬季在垂钓中心、开放式垂钓的养鱼池、养鱼塘钓鱼，仍要讲究饵料的对路。在野塘、湖泊、水库等水域垂钓，只要将鱼类引诱到窝点来，鱼儿一般是见什么就吃什么。而垂钓中心和养鱼池中的鱼类却不同，首先，鱼儿处于饱腹状态下，只有见到它最喜爱吃的饵料时才肯咬钩；再就是养鱼池每天投喂固定的人工饵料，鱼儿已经习惯了这种饵料的口味，对于其他口味的饵料一般不感兴趣。特别是在以门票为收入的垂钓园钓鱼，池中鱼虽然很多，但管理人员长期喂一种自制并含有特殊味道的饵料，使垂钓者望鱼兴叹。因此在养鱼池中钓鱼，首先要摸清管理人员平时所喂的是什么饵料，制作与之相仿的钓饵进行垂钓，才能取得好的钓绩。再说，养鱼池每天都有许多人去垂钓，鱼儿们早已尝过各种口味钓饵，池中的鱼类一般都比较狡猾。所以，在这种鱼池中垂钓一定要特别注重饵料的风味，加大天然饵料的比例，并有针对性地添加鱼类诱食剂。

由于在郊外野塘、湖泊、水库等水域生活的鲫鱼、鲤鱼，它们的适应性都很强，鲫鱼只要水温在4℃以上，不超过30℃，不分四季寒暑都在活动觅食，因此初冬时在不足1米深的浅水区，经常能钓到100～150克的鲫鱼，在较深一点水域，会钓到200～300克，甚至更大的鲫鱼。即使到了寒冷的季节，水域表面温度在0℃以上时，1米深处的水温通常在4～5℃，而且水位越深温度越高，这就是我们在寒冷的季节能钓到鲫鱼的原因。鲤鱼的食性和鲫鱼有不少相似之处，也属杂食性、底栖鱼类，只是对水温的要求比鲫鱼稍高一些，水温低于10℃时就不爱活动；与其他季节不同的是，到了冬季鲤鱼定居性更强。这可能是经过夏季的生长，到了秋季育肥，已长得比较壮实及生理变化，不需要再长距离的游弋寻找食物和产子活动的缘故，所以初冬活动范围减小。由于上述水域的天然饵料并不十分丰富，不像养鱼池那样每天有人定点喂饵，因此仍需要补充营养，以保持基本体能和孕育来年的幼子。所以，初冬时只要天气晴好，上午10时至下午3时，气温大多都在15℃以上，垂钓者站在岸边不感到冷，正是冬钓鲤鱼的理想温度。

水温与气温，水温与地温，水的上层、中层、下层之间温度皆有差异。冬天水位越深，底层水温越高。实践测得：水域表面温度在0℃以上时，水底2米处为6～8℃；3米深底层水温可达8～10℃。鲫鱼、鲤鱼、青鱼乃至草鱼、鳊鱼，在8～10℃的水温中均有摄食要求，所以均可以钓到。

在我国南方冬钓，需根据鱼类的活动特点进行。如根据鲤鱼的活动特点，在大中型水库的暗沟等处，采用不断投饵做窝的办法，在3～4米或更深的水域，用手竿、粗线、大钩，采用蚯蚓、酒浸玉米粒作钓饵，其钓获量不比夏季差，用螺蛳肉、青虾肉作钓饵时，甚至还能钓到大青鱼。

有不少钓友认为，到了冬季，草鱼、鳊鱼等就沉到水底不吃食了，但实际情况并非如此。不可否认，草鱼、鳊鱼对水温、气温的敏感性要比鲫鱼、鲤鱼强，一旦到了初冬季节，除了因天然水域食物十分匮乏外，草鱼、鳊鱼一般很少靠近浅水区和岸边活动，通常较早游弋到深水区避寒，而且鳊鱼喜群居，大多集中在深水区游弋。利用草鱼、鳊鱼草食性的特点和这时水草植物缺乏的情况，初冬时在气温相对较高的晴好天气，它们会扩大活动范围，甚至有可能游弋到相对的浅滩来觅食，在这些区域，采取用带有酒香味的粮食做重窝，用曲酒泡过的玉米粒作钓饵，抓紧气温高、阳光好的中午前后一段时间，不失时机地进行垂钓，往往能钓到大草鱼，或多条较大的鳊鱼。

总而言之，在我国南方冬钓，既要注重普遍规律，又要重视特殊情况。由于环境条件、水情、鱼情以及天气变化等因素，许多时候又会遇到特殊情况，应具体情况具体对待，绝不能生搬硬套。

在大中型水库冬钓，找钓点也十分重要，应找湾、找汊、找水下暗沟和被淹没的庄稼地等处做钓点。在坑塘、河道和鱼池一定要钓深、钓草、钓沟坎和向阳的岸边等。一天当中，早晨可以钓深，午后钓浅，天冷时钓深，天暖时钓浅。

（五）使用饵料需随机应变

1. 随气象变化灵活使用饵料

钓鱼用饵与天气变化有着很密切的关系。因为鱼类是变温动物，对天气变化十分敏感，气压、风力、风向等对钓鱼的影响都很大，关系密切。天气反常，如骤冷骤热、闷热、过冷、过热等反常现象，鱼类的摄食欲望会大受抑制。

比如，初夏在郊外某一池塘或湖泊、水库垂钓时，上午是晴空万里，艳阳高照，中午有时会乌云密布，随时有可能下雨，甚至下大雨。由于天气的变化使鱼类生活环境发生了变化，如水温的降低，水面波浪的兴起等，原本上午用芦苇心在水域中层能钓到草鱼的，下雨后却怎么也钓不到了，这是因为下雨后水域中、上层的温度下降了，水底层的温度变暖，草鱼都沉底的原因。这时我们就要改变垂钓和用饵的方法，比如将草窝和粮食类素饵打到水底层去，用双钩垂钓，一只钩上仍然用芦苇心作钓饵，另一只钩上挂鲜嫩玉米粒，这样的改变，又可以钓到草鱼了。

再比如，风力、风向对鱼类的觅食也有密切的关系。刮风天气，风吹动水面，水体上下产生对流，水中溶氧量增加，鱼儿感觉舒服，显得异常活跃，食欲变好，吃饵勤。笔者在南京郊外靠近安徽省一池塘垂钓，就曾遇到过这样的情况，当天刮的是西风，塘水深 1 米左右，诱饵用的是碎粳米，手竿钓，钓饵是自己养殖的蚯蚓，当天仅鲫鱼就钓到 30 多条。由于塘口好，水质也好，做得鱼汤非常鲜美。当晚约朋友第二天再去垂钓，结果同样的水域、钓点、饵料、钓具，只是风向不一样，刮的是南风，整个上午收获都不怎么样。正在叹气之余，换了拌有麻油的面饵，不一会就钓上 1 条草鱼，紧接着在一个窝点钓上 3 条鲫鱼，换了一个窝子后又钓到鲫鱼，再以后笔者又换用酒浸的麦粒、玉米粒，也都钓到了鲫鱼和草鱼。于是我赶紧告诉其他钓友，将荤饵换成素饵，结果都有较好的钓绩。回来后通过总结，笔者和钓友们才恍然大悟，我们去的第二天气温比第一天高，刮的又是南风，气温回升后一些杂性鱼类的食性有所改变，由气温低喜食荤饵随之改变成温度回升后喜食素饵。

刮风的天气虽然能使水中溶氧量增加，但风力不能太大，以 3 级左

右为最佳。“和风细雨，鱼儿欢喜。”如果风力很大，必然是风浪拍打岸边、波涛汹涌，不仅难以观察鱼汛反应，而且这时的鱼类由于感到不适和惊慌，大都蛰伏在水底不动，无心觅食。

2. 随塘口变化灵活使用饵料

有这样一种情况，钓者事先了解某塘口鲤鱼较多，出钓前准备了鲤鱼喜欢食带有甜香的钓饵，结果实际垂钓中，没有钓到鲤鱼，却钓到了不少鲫鱼。此外，如同本书第 84 页介绍的那样，随时改变饵料，会有意外的收获。再如，在草滩多的湖泊、水库生活的草鱼就偏爱食草，而对其他杂食性饵料就根本不感兴趣；在有螺蛳的水域，用素饵就怎么也钓不到青鱼；在湖虾丰富的水域，鲤鱼对酒糟、玉米粒等带香、甜味饵料食欲大减；在多年没有干涸过的水域，把青草捆扎成把，并固定在较粗长的竹竿一头，提前 2～3 天投放到比较深的水域，用螺蛳肉、沼虾肉等作钓饵，经常能钓到 10 千克左右的大青鱼。像这样的例子，还能举出很多。

上述情况说明两点，一是人们对某种鱼的生活习性、食性特征等了解的还不够，只是粗浅的了解，所以产生了与垂钓情况不一样的结果；二是说明某些鱼类的食性会因所生活的环境不同而产生差异。钓鱼者需根据客观和实际情况的变化，通过改变垂钓方法、用饵变化和用饵的技巧，才能取得较好的钓绩。

钓友们在出钓前一定要对所去的江河、湖泊、水库、养鱼塘、垂钓园等钓鱼场所的水情、鱼情要有所了解，甚至要达到了如指掌，特别在用饵上一定要对路，只有投鱼所好，才会有好的钓绩。为了应对钓场可能发生的各种意外情况，出钓前要精心准备，不仅是钓具的准备，还应准备多种诱饵和钓饵。荤饵方面可以准备：红色的蚯蚓、白色的蛆虫、青色的青虫，还有面包虫、小草虾、螺蛳肉等，甚至还可准备生的和煮至半熟的猪瘦肉等；素饵方面：有面食（可以分别添加麻油、鸡蛋黄、药酒液等，在养鱼塘垂钓时还可以加些鱼类诱食剂）、粳米饭粒、熟的玉米粒、鲜嫩带有甜味玉米粒(在颜色上还有黄色、白色之分,对钓鱼都有不同效果),白酒浸泡的玉米粒、麦粒、枸杞子;瓜果类的桑葚果、草莓、菠萝、南瓜花,甚至煮至半熟的甘薯、土豆、南瓜等。之所以要准备如此多的钓饵,是因为对郊外的鱼塘、湖泊、水库等钓场的水情、鱼情我们不可能了解得十分清楚,为确保某种饵料能对上鱼的食欲,钓获的鱼儿更多,从而使每次外出垂钓的这项休闲活动更加完美、愉快。

十一、实用诱饵配方52例

1. 酒米诱饵

(1) 原料

早籼米400克,优质曲酒500毫升。

(2) 制法

① 将早籼米用适量水浸泡12小时,取出晾干,用粉碎机将籼米研碎、晒干。

② 将晒干的碎米放入曲酒中,封好口,浸泡约48小时即成。冬春季节可多泡1～2天。

(3) 说明

① 该酒米是一种非常普通的诱饵,不但鲫鱼、鲤鱼喜欢吃,草鱼、鲂鱼、鳊鱼等鱼类也很感兴趣。

② 该诱饵用粮食酿的曲酒制作最好,而且是曲酒质量越好,酒米的诱鱼效果就越好。

③ 制作酒米时,还可添加玫瑰红、橙子黄与绿色等食用色素,以备在特殊的水域、气候、时间里使用。如天色昏暗、水中透明度不高时宜用红色;水比较混浊时用黄色;含黄泥特别多的水中可用绿色。这些都可提高鱼的上钩率。

2. 酒米麸诱饵

(1) 原料

粳米20%,麸皮60%,小米20%,优质曲酒50毫升。

(2) 制法

将粳米、小米、麸皮混合均匀备用。

(3) 说明

钓鱼撒窝之前,用钓鱼塘之水将上述饵料调湿,再按500克诱饵加50毫升曲酒的比例拌匀,使诱饵酒香味浓郁,捏成饵团即可投放钓点。

3. 奇效诱鱼饵

(1) 原料

灵草50克,大黄50克,香松50克,碎米500克,小茴香50克,曲酒750毫升,滑石50克。

(2) 制法

① 将上述各原料切碎,放入曲酒中浸泡,制成香味浓郁的药酒。

② 钓鱼前将碎米放入上述药酒中浸泡24小时即成。

(3) 说明

该诱饵对诱钓鲫鱼、鲤鱼、草鱼等鱼类有奇效,且小杂鱼不会闹窝。

4. 民间诱饵秘方

(1) 原料

阿魏粉1克,花生米25克,八角2克,食母生3片,甜杏仁2克,蜂蜜2毫升,小茴2克,活蚯蚓8克。

(2) 制法

将上述原料除阿魏粉外,均分别炒熟,研成粉末,分瓶包装备用。

(3) 说明

① 该诱饵香味独特,用其打窝后,鱼随之即来,且久久不愿离去,效果奇特。

② 使用时，将各种粉末混合在一起，加入蜂蜜、活蚯蚓（捣成糊状）混拌均匀，用纱布包好，投入施钓水域。

③ 该秘方中若阿魏粉买不到，可用大葱、韭菜的发酵水代替。制法：取大葱、韭菜各等量，洗净后捣成糊状，装入瓶内，倒入50%净水，使其自然发酵；若急用，可放在强光下暴晒一周，酵味发出时即可使用。

自制的发酵水味道与阿魏粉味无异，且储存时间越久，其味道越浓，诱鱼效果越好。

5. 中药酒米诱饵

(1) 原料

灵草50克，广香50克，排风藤50克，八角50克，香松50克，大黄25克，小茴香50克，优质曲酒700毫升，滑石50克，碎米400克，丁香50克。

(2) 制法

① 将中药灵草、排风藤、香松、小茴香、滑石、丁香、广香、八角、大黄分别切碎，装入较大的广口玻璃瓶中，倒入曲酒淹没药物，密封浸泡1个月。

② 将上述药酒去掉药渣，放入碎米浸泡48小时即可。冬春寒冷季节应多泡1～2天。

(3) 说明

① 该药酒米诱饵入水后特别香，鲫鱼、草鱼、鲤鱼最喜欢吃，鲂鱼、鳊鱼也很感兴趣。

② 用药酒米做窝子，入水后很快就会引来鱼群，看见水面“鱼星”不断时，下竿必有收获。

③ 该药酒米诱饵还有排除小杂鱼“闹窝”的功效。

6. 中药诱饵

配方1

(1) 原料

公丁、母丁、桂丁、甘松、山柰、细辛、辛荑、冰片、独活、乳香、大茴、白芷、牙皂、川芎各15克，黄豆250克，米糠500克，麝香5克。

（2）制法

① 将上述公丁、母丁、桂丁、甘松、山柰等15味中药晾干，研成粉末，装瓶备用。

② 将黄豆炒熟，压碎、研成粉末，米糠炒香，两者混匀。

（3）说明

① 使用时，取中药粉1/10掺和在黄豆、米糠混合粉中，加适量净水搅拌均匀，揉成团，投入施钓区水域打窝。

② 该诱饵虽然制作较为复杂，价格较贵，但诱鱼效果十分理想。用该饵投入水域打窝，约15分钟后定能招来鱼。

③ 上述药料，中药房均有出售。

配方2

（1）原料

花生米250克，小茴香20克，阿魏粉10克，食母生5片，八角20克，甜杏仁20克。

（2）制法

将上述原料炒熟，研成粉末，分别装瓶备用。

（3）说明

使用时，将各种粉末混合在一起，并加入少量蜂蜜、碎蚯蚓拌匀，再用纱布包好，投放到窝点。鱼闻其浓郁的香味便随之而来，效果特佳。

7. 废弃物诱饵

（1）原料

废弃虾皮若干，废弃鱼头若干，废弃蟹壳若干，废弃鱼刺若干。

（2）制法

收集餐桌上废弃的虾皮、蟹壳、鱼头、鱼刺，稍加晾晒后，焙干、磨成粉末，过筛。粗粒或碎片，可掺入豆腐渣、麦麸、酒糟中进行打窝诱鱼；细粉可揉入面饵中，捏成小丸装钩。

（3）说明

用细粉做成的钓饵，适宜垂钓包括甲鱼在内的多种淡水鱼，效果都很好。在精养鱼塘垂钓，效果稍差些。

8. 丁香泡酒诱饵

（1）原料

丁香100克，曲酒500毫升。

（2）制法

将丁香放入曲酒中浸泡7～10天。

（3）说明

① 在钓鱼前，用上述浸泡液将小米或面饵拌匀，撒入水中后即可诱鱼。

② 该饵诱鱼速度快，但时间一长，酒味和丁香味会逐渐变淡，应适时补窝，以增加垂钓效果。

9. 桂花酒米诱饵

（1）原料

桂花（干品）40克，优质曲酒500毫升，早籼米400克。

（2）制法

① 将干桂花放入曲酒中，密封，浸泡15～20天，即制成气味芳香浓郁的"桂花酒"。

② 将早籼米用适量水浸泡12小时，取出晾干，用粉碎机研碎、晒干。

③ 将晒干的碎米放入上述桂花酒中，封好瓶口，浸泡约24小时即成。冬春季节可多泡1～2天。

（3）说明

该诱饵气味芳香，会吸引在很远地方的鲫鱼、鲤鱼竞相游来，并徘徊在窝点周围，久久不愿离去。

10. 郁金香酒米诱饵

（1）原料

郁金香花（干品）40 克，优质曲酒 500 毫升，早籼米 400 克。

（2）说明

① 该诱饵制法同桂花酒米诱饵，诱钓鲤鱼上钩率较高。

② 钓饵最好用上述药酒，滴几滴在面食里反复揉捏，再加入点蜂蜜揉匀，效果将会更好。

11. 茴香草药酒米诱饵

（1）原料

香松 50 克，桂皮 10 克，排风藤 50 克，滑石 20 克，灵草 50 克，早稻米 400 克，小茴香 50 克，优质曲酒 700 毫升，大茴香 25 克。

（2）制法

① 将中药香松、桂皮、排风藤、滑石、灵草、小茴香、大茴香分别切碎，装入较大的广口玻璃瓶中，倒入曲酒淹没药物，密封浸泡 1 个月。

② 将早稻米用适量水浸泡 12 小时，取出晾干，用粉碎机研碎、晒干。

③ 将上述药酒去掉药渣，放入碎米浸泡 48 小时即可。冬春寒冷季节应多泡 1～2 天。

（3）说明

① 该诱饵对鲫鱼有特殊的吸引力，特别是在饵料丰富的肥水塘和鲫鱼被钓“精”了的养鱼池中垂钓，效果特别明显。

② 使用该诱饵时，切记不要用接触过香烟的手去抓药酒米，否则会影响诱鱼的效果。

③ 撒窝时，最好先用米糠粉和少量面粉加水和成团，然后将药酒米包在饵团内，再一起投放到窝点。需要掌握的是：每次只需投放约 20 粒酒米就足够了。

④ 钓饵最好用与上述诱饵相同的药酒，滴几滴在面食里，反复揉捏

即可。

12. 甜酒米糠诱饵

（1）原料

甜酒250克毫升，面粉100克，米糠500克，黄豆粉100克，小米100克，味精5克，菜子饼粉50克。

（2）制法

① 将米糠、面粉、小米混合后，用文火炒出香味，然后加少量水拌匀，再上锅蒸约20分钟取出，晾凉后待用。

② 在上述混合料中，加入味精和甜酒搅拌均匀，然后装入广口玻璃瓶中，密封5～6天即可使用。

13. 甜酒玉米粉诱饵

（1）原料

甜酒250毫升，面粉100克，玉米粉500克，味精5克，蚕豆粉150克。

（2）说明

① 该诱饵制法同甜酒米糠诱饵，但原料不要下锅炒制，只需混合后蒸熟就行。

② 该诱饵色泽金黄，味鲜略带甜酒味，最适宜在用素饵钓鱼的池塘里钓鱼。

14. 甜酒米饭诱饵

（1）原料

甜酒药粉30克，蚕豆粉100克，优质曲酒100毫升，味精5克，粳米500克，食用色红少许，米糠150克。

（2）制法

① 将粳米煮成稍硬的米饭，待其自然冷却至30℃时加入甜酒药粉、曲酒、米糠、味精和食用色红拌匀，装入大广口瓶中，瓶口封好，让其发酵8天左右，待其发出浓郁的酒香味即可。

② 使用时，掺入少量面粉或蚕豆粉拌匀，做成饵团投放钓点。

15. 曲香高粱米诱饵

(1) 原料

高粱米1 000克，麸皮250克，豆饼粉750克，曲酒50毫升，碎玉米500克，酒曲50克。

(2) 制法

① 将高粱米、碎玉米用温水浸泡24小时，捞出沥干水分，与豆饼粉、麸皮搅拌均匀，然后上锅蒸约30分钟，取出加少许凉开水搅和，摊开让其自然冷却至30℃左右。

② 将酒曲碾成粉末，拌入上述料中，装入小口坛，上口稍加压实。

③ 将曲酒全部均匀地洒在料的表面，密封坛口，放在室内阴凉处，让其发酵。夏季气温较高，一般经3～4天即可使用。

(3) 说明

① 该诱饵的特点是：颗粒细小，有浓郁的酒酿甜香和微酸味。刚制成时酸味小，用来诱钓鲫鱼、鲤鱼效果好；时间稍长一点发酵变酸，用来诱钓草鱼、鲂鱼效果较理想；若气温高酸味很浓时，该诱饵还可用来诱钓鲢鱼与鳙鱼。

② 制作该诱饵时，若无高粱米、豆饼粉、碎玉米，可以用碎米、菜子饼、米糠来代替，同样能达到理想的效果。

16. 菜子饼诱饵

(1) 原料

菜子饼300克，麸皮200克，麦子200克，碎米300克。

(2) 制法

将菜子饼、麦子碾碎，与麸皮、碎米一起放入锅内，用文火炒至浅棕色、有香味即可。

(3) 说明

使用前，取垂钓水域的水，将上述混合料拌至半干半湿，做成饵团投入钓点。

17. 曲香高粱诱饵

（1）原料

高粱 1 000 克，红糖适量，曲酒 100 毫升。

（2）制法

将高粱用适量水浸泡约 48 小时，取出稍沥干，加入曲酒和红糖，拌匀即可使用。

18. 麸皮红薯诱饵

（1）原料

麸皮适量，红薯适量，碎米适量，曲酒少量。

（2）制法

① 将麸皮、碎米放入曲酒中，浸泡约 12 小时。

② 将红薯煮至七成熟，切成约 2 厘米见方的块（以鱼吃得着，但不方便为宜），与上述酒浸料拌和在一起即成。

（3）说明

该诱饵用于诱钓鲤鱼效果较好。

19. 麦麸豆饼诱饵

（1）原料

麦麸 500 克，玉米面 200 克，豆饼 300 克，曲酒 100 毫升。

（2）制法

① 将玉米面做成饼后，蒸熟、碾碎。

② 将麦麸、豆饼炒熟、碾碎，用温开水拌和，加入碎熟玉米面饼拌至半干半湿时，再加入曲酒拌匀即成。

20. 麸皮豆腐渣诱饵

（1）原料

麸皮 500 克，面粉适量，豆腐渣 350 克，香醋 50 毫升，碎米 50 克，酒糟 50 克，蚯蚓粉 50 克。

（2）制法

将麸皮、豆腐渣炒香，加入碎米、蚯蚓粉、酒糟、香醋、面粉充分混匀后，加入适量水，拌成半干半湿的饵料，用手做成饵团，投放到钓点。

（3）说明

该诱饵鲤鱼、草鱼均很感兴趣。

21. 奶糕豆粉诱饵

（1）原料

婴儿奶糕 500 克，味精 10 克，生蚕豆粉 200 克。

（2）制法

将奶糕碾碎，与生蚕豆粉、味精拌匀即可。

（3）说明

① 使用时，取适量垂钓水域的水，将上述奶糕、豆粉与味精混合，调成半干半湿，用手揉捏成乒乓球大小的饵团，投放钓点。

② 该诱饵与面食钓饵配合使用，效果将会更好。

22. 熟红薯诱饵

（1）原料

红薯 500 克，芝麻 50 克，细米糠 250 克。

（2）制法

① 将红薯隔水蒸熟，搅成泥状待用。

② 将芝麻、细米糠炒出香味，加入上述红薯泥，充分搅拌均匀，装入容器内，放在通风阴凉处备用。

（3）说明

该诱饵宜在深秋时使用，效果较好。

23. 生红薯诱饵

（1）原料

生红薯 600 克，甜酒药粉 25 克。

（2）制法

选浆汁较多的红芯红薯，洗净去皮，切成石榴粒般大小，加入甜酒药粉，装入广口瓶内，密封保温约 2 天即成。

（3）说明

该诱饵制成后，色黄味甜，略带酒味。初夏时使用效果最佳。

24. 马铃薯诱饵

（1）原料

马铃薯 500 克，白糖 50 克，麦麸 350 克，蜂蜜少许。

（2）制法

① 将马铃薯洗净，削皮后隔水蒸熟，用刀压成泥状。

② 用文火将麦麸炒香，加入马铃薯泥、白糖、蜂蜜，充分拌匀即成。

（3）说明

① 使用时，取垂钓水域的水少许，将上述马铃薯泥诱饵调至半干，用手捏成比乒乓球稍大的饵团，投入钓点。

② 该诱饵一般在春末夏初使用，效果较好。

25. 稻草灰诱饵

（1）原料

稻草灰 500 克，面粉 100 克，蚕豆粉 300 克，白糖适量，米糠 100 克，味精少量。

（2）制法

选取当年新鲜的稻草，晒干后烧成灰，与上述蚕豆粉、米糠、面粉、白糖和味精，充分拌匀后装入塑料袋备用。

（3）说明

① 使用时，用垂钓水域的塘水，将上述饵料调成半干，用手做成饵团后，投放钓点。

② 据有关资料报道，该诱饵在肥水塘中使用，有特殊的诱鱼效果。

26. 花生豆粉诱饵

（1）原料

新蚕豆500克，面粉80克，新花生米150克，白糖40克，细米糠150克。

（2）制法

分别将花生米、蚕豆炒熟，磨碎并混合，再与细米糠、面粉、白糖充分拌匀即成。

（3）说明

使用时，取少量垂钓水域之水，将上述混合饵料调至半干半湿，用手捏成饵团，投放钓点。

27. 芋头诱饵

（1）原料

芋头250克，红糖少量，粳米3 000克，香油少量，细米糠250克。

（2）制法

① 将芋头去皮，切成2～3块备用。

② 把粳米放入锅内，加水煮至半熟时，滤去米汤，在锅底放入切好的芋头块，再将米覆盖其上，再加少许水，加盖用文火焖出锅巴。

③ 趁热将芋头米饭打散，再加入细米糠、红糖和香油，拌匀即成。

（3）说明

该诱饵在中秋前后使用效果甚佳。如能在芋头叶被面捉到一种小肉虫，用它作钓饵，配合诱饵使用效果将更好。

28. 香米诱饵

（1）原料

泰国香米300克，玉米粉200克，米饭250克，白糖50克。

（2）制法

① 将泰国香米炒熟，磨成粉装瓶备用。

② 米饭、玉米粉和白糖拌和均匀装入塑料袋备用。

（3）说明

① 使用时，将香米粉与米饭混合料充分拌匀，用手捏成乒乓球大小的饵团若干个，分别投放钓点。

② 该诱饵中的香米粉清香、味浓郁，对鲫鱼极具诱惑力，在肥水塘中诱钓鲫鱼，效果甚佳。

29. 八角味诱饵

（1）原料

粳米 250 克，甜酒 50 毫升，野八角叶 50 克，水 1 000 毫升，小麦 250 克。

（2）制法

① 将野八角叶放入水中，用文火煮 30 分钟，去渣取汁。

② 把粳米、小麦放入上述药汁中，用文火煨至半熟，待晾凉后装入玻璃容器中，放入甜酒拌匀，密封 3～4 天即成。

（3）说明

该诱饵可配合素钓饵，在中秋前后使用，效果较佳。

30. 麝香米诱饵

（1）原料

粳米 1 000 克，麝香 15 克。

（2）制法

将麝香用两层纱布包扎好，埋放在装粳米的容器中，把口封严，每天将容器摇晃几下，使粳米吸足香味，7～8 天以后便可使用。

（3）说明

① 该诱饵香味浓郁，一年四季均有效果；也较适宜在肥水塘中使用。

② 外出钓鱼时只需带上一小瓶，用撒饵器，每窝一次投放 20 粒左右即可。

31. 阿魏蚯蚓诱饵

(1) 原料

阿魏8克,芝麻10克,大茴香40克,青蚯蚓50克,小茴香4克,米糠1 000克,桂皮3克,面粉150克。

(2) 制法

① 将阿魏、大茴香、小茴香、桂皮研成粉,混合后装入塑料袋备用。

② 芝麻炒熟磨碎,面粉、米糠用文火炒香,晾凉后分别用塑料袋装好备用。

③ 把蚯蚓剁碎装瓶备用。

(3) 说明

① 使用时,用垂钓水域的水,将上述所有的原料拌和在一起即成。

② 该诱饵在清水塘中与荤饵搭配使用,四季皆宜,效果甚好。

32. 多味香诱饵

(1) 原料

麦麸600克,巴豆12克,公丁12克,细辛6克,母丁12克,白芷6克,桂丁12克,乳香6克,大茴香12克,白糖60克,小茴香12克,味精6克。

(2) 制法

① 将上述中药全部研磨成粉末,搅拌均匀后装瓶,密封备用。

② 把麦麸用文火炒香,待稍凉后加入1/5上述混合药末,再加入白糖、味精,拌匀即成。

(3) 说明

① 使用时,用少量垂钓水域的水,将上述饵料拌和后,捏成乒乓球大小的团投放钓点。首次每窝可投放2～3个,续窝只需投放1个。

② 秋冬季节,该诱饵与素钓饵配合使用,效果较好。如钓饵中掺入少量的药末,可提高上钩率。

33. 白紫砂诱饵

（1）原料

玉米粉600克，面粉120克，白芷15克，冰片6克，紫蔻15克，阿魏6克，砂仁15克，白酒50毫升，紫河车6克，味精6克，木头回6克，米糠适量。

（2）制法

① 将白芷、紫蔻、砂仁、紫河车、木头回、冰片、阿魏全部研磨成粉末，再加入白酒、白糖和味精充分拌匀，制成药糊密封备用。

② 将玉米粉和面粉用温开水拌和揉透，加入上述药糊，再揉透后上笼蒸熟，稍凉后，用米糠调节面团的松紧，以捏成团入水即散为好。

（3）说明

该诱饵适宜在盛夏钓鱼时使用。若将药末掺在面食钓饵中使用，垂钓效果将会更好。

34. 维生素诱饵

（1）原料

复合维生素B30粒，玉米粉150克，粳米粉150克，黄豆粉150克，白酒200毫升，白糖30克，面粉100克，味精20克，米糠200克。

（2）制法

① 将复合维生素B研碎，用酒调匀。

② 用温开水将玉米粉、黄豆粉、粳米粉、面粉、米糠拌匀，然后上锅蒸熟，待稍凉后加入白糖和味精再拌匀，装入塑料袋中备用。

（3）说明

① 使用时，将维生素药酒倒入混合饵料中拌匀，做成团即可打窝。

② 该诱饵在春末初夏时用于诱钓鲫鱼、鲤鱼，有特殊的效果。

35. 蚯蚓混合诱饵

配方1

（1）原料

活蚯蚓 300 克，面粉 90 克，米糠 210 克。

（2）制法

将米糠和面粉混合均匀，装袋备用；把活蚯蚓带到垂钓水边待用。

（3）说明

① 打窝前把活蚯蚓剁碎，加入米糠、面粉混合拌匀，再加少许湖水拌成湿料，做成团投放钓点即可。

② 所用蚯蚓可以是红蚯蚓，也可以是青蚯蚓。

配方 2

（1）原料

蚯蚓 250 克，曲酒 400 毫升，粳米 300 克。

（2）制法

① 将粳米用适量水浸泡 12 小时，取出晾干，用粉碎机粉碎、晒干。

② 将晒干的碎米放入曲酒中封好口，浸泡约 48 小时即成。

③ 将蚯蚓剁碎，立即放入酒米中，拌匀封口即成。

（3）说明

该诱饵不受水域、气温、季节和天气的影响，对诱钓鲫鱼效果比较理想。

36. 发酵诱鱼饵

（1）原料

高粱、青稞、小麦、碎玉米，任选一种，用量自定；曲酒（或酿造白酒的酒药）适量。

（2）制法

① 任选上述原料一种，淘洗后用水浸泡 1～2 天，以无硬心为准。

② 滤干浸料的水分，用旺火蒸至冒大气后续蒸 10 分钟。

③ 将蒸熟的料取出放入小盆内，用蒸锅水和散，晾至不烫手时，倒入曲酒拌匀，装入容器中，略压实盖上盖子。

④ 将容器置于保温容器内，促其发酵，经 3～4 天后打开检查，如果

香味不浓,还需继续发酵。待发酵完善后,立即移至阴凉处存放。

(3) 说明

① 该诱饵酒曲香味浓厚,入水经久不散,诱鱼效果很好。

② 注意不要发酵过头,否则会变酸变苦。

③ 随用随取,用完再做,存放 15 天以上会变质。

37. 酒香糟食诱饵

(1) 原料

碎豆饼 600 克,玉米渣 60 克,鸡饲料 200 克,酒泡玉米渣 40 克,麦麸 100 克。

(2) 制法

① 将上述原料(除酒泡玉米渣子)分别炒香。

② 将上述原料充分混合,用少量面粉做黏合剂,加适量水拌和成半湿饵料。用时做成饵团投放钓点。

(3) 说明

① 该诱饵香味大,酒味浓,色泽醒目,在春末、夏初使用效果颇佳。

② 该诱饵为酒香型,适宜诱钓鲤鱼、鲫鱼和鳊鱼。

38. 香酸型糟食诱饵

(1) 原料

碎豆饼 700 克,玉米渣 100 克,鸡饲料 100 克,发酵变酸豆饼 50 克,麦麸 50 克。

(2) 制法

① 将上述原料分别炒香(发酵变酸豆饼除外);

② 用少量面粉做黏合剂,加入炒香的原料充分拌匀,再加入适量湖水拌和即成。

(3) 说明

该诱饵香酸味纯正浓郁,适宜夏秋两季钓大鲤鱼、大草鱼使用。

39. 鲫鱼诱饵

（1）原料

植物饵：粳米、小米、玉米；麸皮 40%，米糠 40%，菜子饼 20%；麸皮、粗玉米粉、碎粳米、玉米饼、豆饼、芝麻饼、向日葵子饼等。

动物饵：虾皮、鱼头、家禽内脏等。

动植物混合饵：麸皮、豆饼、玉米粉各 30%，家禽内脏 10%，面粉少量；麸皮 60%，动物血粉 30%，玉米粉 10%；家禽内脏 60%、蚯蚓 20%、面粉 20%。

（2）说明

① 上述植物饵中，取粳米、小米或玉米各适量，放入优质曲酒中浸泡 3～5 天即成。麸皮、米糠、菜子饼混合后，用文火炒香，加入少量面粉，用水调和即成。麸皮、粗玉米粉、碎粳米、玉米饼、豆饼等，任选一种用少量水调和后做成团，投向窝点即可。

② 动物饵中虾皮、鱼头、禽畜内脏等任一种，煮熟切碎，用纱布包好，投入钓点即可。

③ 将动植物混合饵中麸皮、豆饼、玉米粉混合后炒香，家禽内脏煮熟剁碎，两者混合拌匀，加入面粉作黏剂，拌和即成。麸皮、血粉、玉米粉混合后加水拌匀即可。家禽内脏煮熟切碎，蚯蚓剁碎，加入面粉拌匀即可。

40. 多味鲤鱼诱饵

（1）原料

野八角 150 克，粳米 1 000 克，黄花菜 200 克，臭鸡蛋 3 个，蚯蚓 30～50 条，闹羊花 50 克。

（2）制法

① 将野八角、黄花菜、闹羊花捣烂，蚯蚓切碎，混合后密封 1 个小时，再与臭鸡蛋混合。

② 将粳米煮至半熟，然后与上述原料混合，密封半小时即成。

41. 糟麦鲤鱼诱饵

（1） 原料

大麦 500 克，酒糟 500 克。

（2） 制法

① 把大麦放入锅中，加水煮至麦粒完全膨大、未破皮开花时，捞出沥干。

② 将煮好的大麦与酒糟掺和均匀即成。

（3） 说明

该诱饵既可用于打窝诱鱼，也可将麦粒挂在钩上，作钓饵使用。

42. 天然鲤鱼诱饵

（1） 原料

稻壳、碎稻草末、牛粪各适量。

（2） 制法

将上述原料与牛粪一起搅拌均匀即成。

（3） 说明

① 将上述拌好的诱饵投入施钓水域（形成窝子），越钓鱼越多。

② 该饵气味很浓，不仅鲤鱼爱吃，鳊鱼等鱼类也爱吃。

③ 如用海竿垂钓，可在牛粪中加入适量的麦麸和白面，制成糟食。

43. 蛋白鲤鱼诱饵

（1） 原料

豆饼粉 200 克，麸皮 80 克，玉米面 80 克，面粉适量，鱼粉 150 克，曲酒适量。

（2） 制法

将豆饼粉、麸皮、玉米面和鱼粉混合均匀，加少量水拌成湿料，放入锅内蒸约 15 分钟，取出凉透后装入塑料袋备用。

（3） 说明

使用时，把曲酒滴入上述混合料中，再加入适量面粉充分揉捏，装炸弹钩使用。

44. 鲤鱼诱饵

(1) 原料

植物饵:粳米、小米、粗玉米粉;米糠、麦麸、玉米粉、啤酒糟、高粱酒糟、曲酒糟;豆饼、麦麸、碎米;菜子饼、麸皮、米糠、碎米。

动物饵:熟的猪、羊、鸭、鸡、牛骨等;家禽内脏。

动植物混合饵:麸皮、玉米粉、豆饼、家禽内脏、面粉;玉米粉、糠饼、蚕蛹粉;家禽内脏、碎蚯蚓、面粉、米糠;玉米窝头、碎蚯蚓。

(2) 说明

① 植物饵:将粳米、小米、粗玉米粉放入曲酒中浸泡后使用。米糠、麦麸、玉米粉、啤酒糟、高粱酒糟、曲酒糟都可直接作诱饵。将豆饼、麦麸炒香后,加入少量曲酒与碎米拌匀使用。菜子饼、麸皮、米糠炒香后,加入少许面粉、碎米拌匀作诱饵。

② 动物饵:将煮熟的猪、羊、牛、鸭、鸡骨敲碎,用纱布包好投入钓点。任取一种家禽内脏煮熟切碎,用纱布包好作诱饵,直接投放钓点。

③ 动植物混合饵:将麸皮、玉米粉、豆饼炒香,加入煮熟剁碎的家禽内脏混合拌匀,再用面粉作黏合剂,捏成饵团投放。将玉米粉、糠饼炒香与蚕蛹粉混合后,加水调匀后使用。把家禽内脏煮熟切碎,与碎蚯蚓混合,再加入少量面粉、米糠,充分拌匀使用。将玉米窝头弄碎,与碎蚯蚓拌匀后使用。

上述诱饵在投放前,若再加少量白糖或蜂蜜拌匀后使用,效果将更佳。

45. 鳊鱼诱饵

(1) 原料

植物饵:玉米粉、麸皮、糠饼粉、豆饼粉、芝麻粉、蚕豆粉、香油;酒浸泡粳米、豆饼或菜子饼;米糠、麸皮、玉米粉、菜子饼等。

动植物混合饵:玉米粉40%,面粉20%,糠饼、蚕蛹粉各20%;麦麸

60%，血粉30%，玉米粉10%；虾、蚯蚓、玉米窝头各适量；家禽内脏、米糠、麸皮各适量。

（2）说明

① 植物饵：取玉米粉、麸皮、糠饼粉、豆饼粉中任何一种，与芝麻粉、蚕豆粉、香油充分混合，加些水调至干湿适中，即可使用。将酒浸泡粳米与豆饼或菜子饼碾碎、炒香，或米糠、麸皮、玉米粉、菜子饼等直接使用，诱鱼效果都很好。

② 动植物混合饵：把玉米粉、面粉、糠饼、蚕蛹粉充分拌匀，加些水调至干湿适中后即可使用。把麦麸、血粉、玉米粉充分混合后，加些水拌匀即成。把家禽内脏煮熟切碎，加入米糠、麸皮拌匀即可。

46. 翘嘴白诱饵

（1）原料

植物饵：玉米饼、豆饼、菜子饼、芝麻饼、麸皮、米糠等均可。

动物饵：虾皮、鱼头、禽畜内脏等任何一种煮熟切碎，用纱布包牢。

动植物混合饵：虾、蚯蚓剁碎50%，玉米窝头50%，充分拌匀。把粗麦粉40%，黄豆粉40%，蚕蛹粉、鱼粉20%充分拌匀，加些水揉成团。

（2）说明

钓鱼时，上述植物饵、动物饵或动物植混合饵任选一种打窝均可。

47. 草鱼诱饵

（1）原料

植物饵：鲜嫩青草、芦苇叶、嫩玉米叶、蔬菜叶等；轻微发酵、略带酸味的豆饼、糠饼、麦麸、玉米粉、菜子饼、米粉、白酒；糠饼粉、碎米、曲酒；麸皮、黄豆粉、面粉、曲酒。

动物饵：家禽的肠子、碎蚯蚓等。

动植物混合饵：麸皮、血粉、玉米粉；玉米粉、米糠、蚕蛹粉；米糠、碎蚯蚓、面粉。

（2）说明

① 植物饵：把鲜嫩青草绑在粗竹竿的一头，再绑上砖块或其他重物，沉入水中用作底钓；或将鲜嫩青草、芦苇、嫩玉米叶、菜叶投于水面，用作浮钓，效果都很好。

将轻微发酵、略带酸味的豆饼、糠饼、麦麸、玉米粉、菜子饼和米粉混合后，掺入少许白酒拌匀是钓草鱼的好诱饵。把糠饼粉与用曲酒泡的碎米拌匀，可作诱饵。把麸皮、黄豆粉与少许面粉拌匀，再加入曲酒充分拌匀后使用。

② 动物性诱饵：把家禽鸡、鸭、鹅的肠子煮熟切碎，与碎蚯蚓拌匀后，投放在钓点作诱饵。

③ 动植物混合饵：把适量的麸皮、血粉、玉米粉混合后，加水拌匀捏成团，投入钓点。把玉米粉、米糠与少量蚕蛹粉混合后，加入适量水稍拌，揉成团使用。把米糠与少许碎蚯蚓、少量面粉拌匀，加些水揉成团后，投放钓点。

48. 毛蟹青鱼诱饵

（1）原料

野生毛蟹350克，面粉120克，麦麸120克。

（2）制法

将野生毛蟹带壳捣碎，与麦麸、面粉混合后，加入少量水拌匀做成饵团，投放窝点。

（3）说明

该诱饵不仅对青鱼有很好的诱钓效果，鲤鱼对该饵也很感兴趣。

49. 青鱼糟食诱饵

（1）原料

菜子饼250克，蚕蛹粉200克，面粉100克，鱼粉50克。

（2）制法

将菜子饼粉碎炒香，加入面粉、蚕蛹粉、鱼粉充分混合拌匀，再加入少量水拌成湿料，做成比乒乓球稍大的团即成。

(3) 说明

该诱饵由于掺加了蚕蛹粉和鱼粉,其香腥味浓郁,对诱钓青鱼有特殊的效果,特别是用海竿装炸弹钩钓青鱼,效果极佳。

50. 黄颡鱼诱饵

(1) 原料

猪、牛、羊内脏,黄鳝段,鸡肠或鸭肠、蚯蚓等均可。

(2) 说明

将以上原料切碎(不需要煮),用纱布包牢,即可用作打窝。

51. 鳜鱼诱饵

(1) 原料

鸡肠或鸭肠 40%,麦麸 20%,羊肝或猪肺 40%,面粉适量。

(2) 制法

将鸡肠(或鸭肠)、羊肝(或猪肺)切碎,与麦麸拌匀,再放些面粉作黏合剂,揉匀即可。

52. 甲鱼诱饵

配方 1

(1) 原料

新鲜猪肝 50%,面粉 20%,血粉 30%。

(2) 制法

将猪肝剁碎,与血粉、面粉拌匀即成。

配方 2

(1) 原料

蚯蚓 30%,米糠 20%,新鲜猪肝 30%,面粉 20%。

(2) 制法

将蚯蚓、猪肝切碎,与米糠拌匀,再加些面粉,充分拌匀即成。

十二、实用钓饵配方65例

1. 果味广谱钓饵

（1）原料

糯米100克，麦麸100克，红小豆25克，生蒜头10头，小米75克，酒药适量，豆饼粉100克，曲酒适量，玉米面150克。

（2）制法

① 把江米做成饭，红小豆煮熟碾成豆沙。

② 把糯米饭、豆沙拌匀，加入酒药，装入容器密封盖好，置阴凉处发酵约6天，制成江米甜酒酿备用。

③ 把小米放入广口瓶内，加入曲酒拌匀，盖好瓶盖，焖一星期待用。

④ 把豆饼粉、麦麸分别用文火炒香。

⑤ 把玉米面做成窝窝头，趁热掰开揉碎。

⑥ 把大蒜去皮，捣成蒜泥。

上述各料备齐后，全部混合在一起，分装在几个塑料食品袋内，扎紧袋口，放在阴凉处，继续发酵5～6天即可使用。

2. 玉米面广谱钓饵

（1）原料

细玉米面50克，面粉20克，食品黄少许，曲酒少许。

（2）制法

① 将玉米面、面粉混合后，用温开水和成面团，入锅蒸至八成熟时取出，掰开凉几分钟。

② 用手反复揉搓面团，加入曲酒和食品黄，搓揉至面团不散，又有黏性，呈蛋黄色。

3. 阿魏钓饵

(1) 原料

阿魏粉 50 克,水适量,面粉 250 克。

(2) 制法

将阿魏粉、面粉加水拌和,揉制成面饵。

(3) 说明

钓鱼时,取该面饵捏成黄豆粒大小,装钩即可。该钓饵诱钓鱼效果极佳。

4. 阿魏茴香钓饵

(1) 原料

阿魏 100 克,茴香 50 克,八角 50 克,面粉少许,蚯蚓 50 克,水适量。

(2) 制法

① 分别将阿魏、八角、茴香磨成粉末;蚯蚓焙干研粉。

② 将上述粉料与面粉混合均匀,加些水和成面饵,即可垂钓。

5. 蚯蚓芝麻钓饵

(1) 原料

鲜活红蚯蚓 20 条,芝麻 50 克,面饵适量。

(2) 制法

将蚯蚓焙干研成粉,芝麻研碎,分别装于小瓶内。

(3) 说明

钓鱼时,取上述两种粉与面饵糅合在一起即成。装钩时,取少许面饵用手捏成黄豆粒般大小。该钓饵上钩率较高。

6. 胎盘钓饵

(1) 原料

人胎盘 1 个,羊骨粉适量,羊油、面粉、阿魏各少许,水适量。

(2) 制法

将胎盘用刀切成小块,放在瓦片上用微火焙干,研成末,装瓶备用。

(3) 说明

钓鱼时，根据需要取适量的胎盘粉，加等量的羊骨粉、少许阿魏、羊油、面粉拌匀，再加入少许水揉捏至软硬适中即可。

7. 胎盘羊骨粉钓饵

(1) 原料

人或羊的胎盘一具，羊骨粉适量。

(2) 制法

将人胎盘或羊胎盘焙干，研成粉装瓶备用。

(3) 说明

钓鱼时，将上述两种粉掺放在面饵中即成。实践证明，鱼儿对这种饵料的味道反应特别灵敏。

8. 广谱钓饵

配方 1

(1) 原料

臭鸡蛋 1 个，羊油 3 克，桂枝粉 3 克，阿魏粉 3 克，面粉适量，水少许。

(2) 制法

将臭鸡蛋、桂枝粉、羊油、阿魏粉、面粉一起放入容器内拌匀，加入少许水糅和到软硬适中即可。

(3) 说明

该钓饵适宜钓各种底层鱼类。

配方 2

(1) 原料

玉米面 100 克，面粉 30 克，优质曲酒 50 毫升，水适量。

(2) 制法

将玉米面、面粉拌匀，用开水和之，随即入锅蒸约 5 分钟，出锅晾凉至不烫手时，加入曲酒，用力揉匀即成。

(3) 说明

该钓饵黏性大,韧性好,耐水泡,具有酒香味浓、诱鱼效果好、制作简便、经济适用等特点,深受钓鱼爱好者的青睐。

9. 万能钓饵

(1) 原料

鲜活红蚯蚓数条,食用丁香油少许,动物鲜血适量。

(2) 制法

出发钓鱼前,将鲜活蚯蚓抖净泥土,拌在动物鲜血中即成。

(3) 说明

① 蚯蚓拌入动物血后,能增加其腥味和色泽,对甲鱼、凶猛食肉性鱼类有更大的诱惑力,几乎各种鱼都能上钩;也适用于海钓。

② 活蚯蚓装钩后放在丁香油中蘸一下,立即投入施钓水域,其上钩率比纯用蚯蚓钓鱼高 5 倍。需要注意的是:只能在蚯蚓装钩后蘸丁香油,否则蚯蚓浸泡在香油中会很快死亡,影响诱鱼效果,降低上钩率。

10. 养鱼塘钓饵

(1) 原料

玉米面 100 克,面粉 30 克,蜂蜜 20 克,水少量,山岱酒 10 毫升。

(2) 制法

将玉米面、面粉放在容器里拌匀,边倒入开水边搅拌,和匀后随即上锅蒸约 5 分钟,出锅晾凉至不烫手时,加入蜂蜜和山岱酒,用力揉匀即成。

(3) 说明

该钓饵黏性大,韧性好,耐水泡。塘养鲫鱼特别喜食这种饵料。

11. 豆粉钓饵

(1) 原料

黄豆 400 克,蜂蜜适量。

(2) 制法

将黄豆用文火炒出香味，晾凉后磨碎过筛，筛出的细粉装瓶备用。

（3）说明

① 下钩前，先把渔钩用水浸湿一下，然后放在盛有豆粉的瓶内滚黏一下，再湿一次渔钩，再滚黏一下豆粉，如此反复 4～5 次，即可下钩垂钓。

② 该钓饵用量少，携带方便，装钩省事，每次出钓都可以带一些备用。

③ 其他面团钓饵装钩后，放在豆粉中滚黏一层，也能增加鱼的咬钩率。

④ 若用蜂蜜代替水与豆粉调制成蜜丸，用于垂钓养鱼塘里的鲤鱼，其效果甚佳。

⑤ 该钓饵也是钓底层杂食性鱼类的佳饵。

12. 枸杞子钓饵

（1）原料

干枸杞子 100 克，优质曲酒 300 毫升，白糖适量。

（2）制法

将干枸杞子放入曲酒中泡软，再加入适量白糖拌匀，腌制 20 小时以上即成。

（3）说明

① 钓大鱼时，用大钩横穿 3～4 粒；钓小鱼用小钩，顺穿 1 粒即可。

② 该钓饵适宜在各种淡水水域使用，但钓肉食性鱼时，不宜用该饵。

③ 该钓饵用瓶装密封，四季皆用。

13. 优质混合素饵

配方 1

（1）原料

糯米面 200 克，玉米面 300 克，豆粉 30 克，食用香精少许，优质曲酒适量。

（2） 制法

将江米面、玉米面和豆粉充分拌匀，用温水和成团，上锅蒸 20 分钟，取出稍晾掰开，加入少许食用香精、适量曲酒，搓揉均匀即成。

配方 2

（1） 原料

玉米粉 300 克，白糖适量，面粉 200 克，鸡蛋清适量，江米粉 100 克，食用香精少许。

（2） 制法

将玉米粉、面粉、江米粉、白糖、鸡蛋清一起放入容器内拌匀，用热水和面，揉成团上锅蒸 15 分钟，取出晾凉，装袋封存。使用时滴几滴香精，揉捏均匀即可。

（3） 说明

该钓饵色泽淡黄，软硬适宜，附着力强，适宜水温较高时使用，上钩率较高，是钓鲫鱼、鲤鱼、鲂鱼的上好钓饵。

14. 玉米糕钓饵

（1） 原料

鲜嫩黄色玉米粒 400 克，面粉少许，诱鱼剂少许。

（2） 制法

① 将鲜玉米粒磨成浆，用纱布滤去渣。

② 面粉用玉米浆拌匀，做成面饼，放入锅内蒸 10 分钟，取出稍晾，趁热用手揉捏，同时根据所钓对象鱼，加入少许诱鱼剂，搓揉均匀后，装入食品塑料袋中备用。

（3） 说明

为提高垂钓的效果，保持鲜嫩玉米的特有清香，玉米糕最好在出发前蒸制。

15. 嫩玉米粒钓饵

（1）原料

鲜嫩黄色玉米粒400克，优质高粱酒400毫升。

（2）制法

将鲜嫩玉米粒用刀切去根部，装入螺纹口瓶内，再倒入高粱酒浸泡，拧紧瓶盖，密封保存。

（3）说明

① 该钓饵特点是：能有效防止小鱼闹饵捣乱。鲤鱼、草鱼对嫩玉米粒都很钟爱，鳊鱼和大鲫鱼对嫩玉米也十分感兴趣。

② 将该钓饵密封置于冰箱，可保存数月不会变质，一年四季均可使用。

16. 酒酿玉米粒钓饵

配方1

（1）原料

鲜嫩玉米粒500克，甜酒药半包。

（2）制法

① 将鲜嫩玉粒放锅内，加水用文火煮熟，捞起沥干。

② 将沥干的熟玉米粒装入质地较厚的食品塑料袋中，再加入甜酒药拌匀，扎紧袋口，让其发酵5～7天即成。

（3）说明

该钓饵钓鲤鱼、草鱼、鳊鱼、鲫鱼等效果极佳。

配方2

（1）原料

鲜嫩玉米粒500克，优质曲酒500毫升，山柰20克。

（2）制法

① 将鲜嫩玉米粒放入锅内，加水用文火煮熟，捞起沥干。

② 将沥干的熟玉米粒装入瓶中，加入山柰、曲酒拌匀，浸泡5～7天

即成。

（3） 说明

该钓饵钓草鱼极佳。

17. 鲜奶玉米糕钓饵

（1） 原料

玉米面 100 克，新鲜牛奶适量，蜂蜜 3 克。

（2） 制法

将玉米面和蜂蜜拌匀，倒入温热鲜牛奶，调和成干湿适度的玉米糊，放入锅里蒸约 10 分钟，取出稍晾，趁热用手揉软后，装入食品塑料袋备用。

（3） 说明

该钓饵既有玉米的香味，又有奶糖的香甜味，是诱钓鲤鱼、草鱼、鳊鱼、鲫鱼的上好钓饵。

18. 茴香玉米粉钓饵

（1） 原料

玉米面 200 克，茴香粉少许，面粉 50 克，香油少许，黄豆粉 100 克。

（2） 制法

将玉米面、面粉和黄豆粉一起拌匀，加入少量水和成面团，揉成面饼上锅蒸约 10 分钟，取出稍晾，趁热加入茴香粉和香油，反复揉匀即成。

（3） 说明

该钓饵适宜垂钓鲫鱼等鱼类，效果非常好。

19. 几种面食钓饵

配方 1

（1） 原料

玉米粉 65%，鱼粉 5%，面粉 20%，大豆粉 10%，红糖少许，味精少许。

（2）制法

将玉米粉、面粉、大豆粉和鱼粉混合均匀，加入少许红糖、味精拌匀后，用开水调和，上锅蒸约10分钟，取出即可使用。

配方2

（1）原料

玉米粉70%，糯米粉20%，臭豆腐1块，面粉10%，水适量。

（2）制法

① 将玉米粉、面粉和糯米粉充分拌匀后，用开水调和，然后上锅蒸约15分钟，取出晾凉。

② 将臭豆腐拌入其中，搓揉均匀后，装入食品塑料袋，封存至有臭味即成。

配方3

（1）原料

富强粉80%，白糖20%，香油少许，水适量。

（2）制法

将富强粉用白糖水拌和后揉成面团，再加入少许香油，用力搓揉均匀，达到软硬适中即可。

（3）说明

该钓饵看似很普通，实际是诱钓鲤鱼、鲫鱼、鲂鱼、草鱼的上好钓饵。

20. 虾肉钓饵

（1）原料

小活虾50克，麻油少许。

（2）制法

将小活虾去头、壳后，用少许麻油浸泡即成。

（3）说明

该钓饵四季皆用，尤其用于冬季钓鱼，效果很好。使用时，把虾肉从尾部整个穿在鱼钩上。

21. 水蛭钓饵

（1）原料

水蛭若干条，食盐少许。

（2）制法

从池沼水田中捕捉水蛭后，放在罐头瓶中，加少许食盐拌匀即可。

（3）说明

① 水蛭虽外观难看，令人厌恶，但血腥味浓，不易被鱼咬烂和拉断，垂钓效果好；使用时间长，不怕小鱼捣乱。

② 小水蛭可以直接穿钩，大水蛭可切成小块穿钩。

③ 该钓饵钓鲫鱼和甲鱼效果较好。

22. 麦粒钓饵

配方 1

（1）原料

麦粒 300 克，蜂蜜适量。

（2）制法

① 将颗粒饱满的麦粒用清水淘洗干净，用温水浸泡，泡至接近发芽时捞出，用文火煮至麦粒表皮略有裂纹时捞出。

② 把捞出的麦粒放在小盆内，趁热加入适量蜂蜜，搅拌均匀即成。

配方 2

（1）原料

麦粒 300 克，曲酒 200 毫升。

（2）制法

① 将颗粒饱满的麦粒用清水淘洗干净后，用温水浸泡，泡至接近发芽时捞出，用文火煮至麦粒表皮略有裂纹时捞出。

② 把捞出的麦粒装入罐头瓶内，倒入曲酒拌匀，浸泡数日即成。

23. 蚕豆味鲫鱼钓饵

（1）原料

蚕豆粉 100 克，麸皮 150 克，面粉少量，浓茶水适量。

（2）制法

把蚕豆粉、麸皮、面粉拌匀，用浓茶水拌和成面团即成。

24. 丁香油鲫鱼钓饵

（1）原料

丁香油适量，蚯蚓若干条。

（2）制法

把蚯蚓剪成长约 3 厘米的段，垂钓前用丁香油搅拌均匀。

（3）说明

该钓饵不仅可钓鲫鱼，也可钓其他各种鱼，且上钩率达 90% 以上。

25. 几种鲫鱼钓饵

配方 1

（1）原料

鲜红蚯蚓 20 条，红糖粉 10 克，食用香精少许，大蒜汁少许。

（2）制法

将上述原料放在一起，充分搅拌均匀即成。

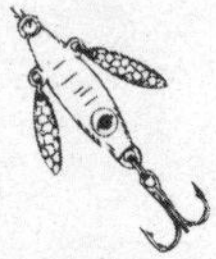

配方 2

（1）原料

糯米粉 60%，淀粉 17%，蜂蜜少许，白糖 17%，食用香精少许，大蒜汁少许。

（2）制法

将糯米粉、淀粉用糖水调和后上锅蒸熟，取出稍晾，再加入香精、蜂蜜、大蒜汁，搓揉均匀即成。

配方 3

（1）原料

净鲜大蛆虫 50 克，白糖 30 克，食用香精少许，大蒜汁少许，蜂蜜少许。

（2）制法

把大蛆虫用开水烫死，晒至八成干，再加入白糖、蜂蜜、香精、大蒜汁拌匀，放入罐头瓶中，密封浸泡一个星期即可使用。

配方 4

（1）原料

商品饵 250 克，水约 250 毫升，玉米粉 50 克，草莓味诱鱼香精少许，面粉 50 克。

（2）制法

把商品饵、玉米粉、面粉、草莓味诱鱼香精放入盆内，加水搅拌均匀，用手揉捏成团即成。

（3）说明

该钓饵没有腥味，只有香味，适宜在水库等大水体中垂钓大鲫鱼。

配方 5

（1）原料

虾粉 150 克，清水约 400 毫升，鱼骨粉 100 克，麦麸 150 克，面粉 100 克，食用香精少许。

（2）制法

把虾粉、鱼骨粉、麦麸、面粉、食用香精放入盆内，加水拌匀，用手揉捏成团即可。

（3）说明

该钓饵香味浓郁，适宜冬、春两季在大水域、急流处钓鱼。

配方 6

（1）原料

豆饼粉 200 克，面粉 20 克，小米粉 150 克，水约 400 毫升，虾粉 50 克。

（2）制法

把豆饼粉、小米粉、虾粉、面粉放入盆内，加水搅拌均匀，用手揉捏成团即可。

（3）说明

该钓饵一年四季均可使用。

26. 高粱酒糟鲫鱼钓饵

（1）原料

高粱酒糟 250 克。

（2）说明

① 选好钓点后，先投少量饵料诱鱼，等半小时后便可垂钓，钓饵宜揉得软一些为好。

② 边钓鱼边撒酒糟，每隔约 15 分钟撒 1 次。可让浮漂的浮力稍大于坠钩饵的重量，这样既可底钓，又可浮钓。若发现有草鱼、鳊鱼进窝时，应及时将浮漂向坠钩处下移 20～30 厘米再垂钓。秋季使用，易钓上大鲤鱼、草鱼。

③ 该饵垂钓效果特别好，集诱、钓饵为一体，会让鱼失去警惕易上钩。

27. 水剂鲫鱼钓饵

（1）原料

山柰 10 克，山楂 40 克，红糖 100 克，优质曲酒 350 毫升。

（2）制法

将山柰、山楂切成小粒，与红糖、曲酒一起装入小瓶内，浸泡半个月即可。

（3）说明

外出钓鱼时，用小瓶装入少许上述浸泡液，使用时滴几滴在面食中作钓饵。

28. 鲫鱼钓饵

（1）原料

动物饵：蚯蚓、水蛭、蝇蛆、小虾或虾肉、生肉丁、蝗虫、竹叶虫、菜青虫、棉铃幼虫、蟋蟀、油葫芦等。

动植物混合饵：蚯蚓30%，加粳米饭70%；面食、蛹粉、猪肝粉、炒芝麻粉各适量；面粉50%，大豆粉50%，加少许蚕蛹粉和奶粉。

（2）说明

① 蚯蚓是最常用的鲫鱼钓饵，以红蚯蚓钓鲫鱼最佳，使用前几天用动物血拌食喂养，可增加蚯蚓的腥膻味，上钩率可大大提高。水蛭、蝇蛆、小虾、菜青虫、蟋蟀等也是鲫鱼爱吃的饵料。

② 动植物混合饵中“蚯蚓加粳米饭”可用臼掏烂，然后揉捏成软硬适中即可。3个品种中任选一种作钓饵，效果都很好。

29. 香味鲤鱼钓饵

（1）原料

豆饼粉300克，黄豆粉25克，麸子50克，芝麻25克，玉米面50克，玉米渣50克，香油少许，曲酒适量。

（2）制法

① 将豆饼粉、麸子用文火炒至有香味；芝麻炒熟碾碎。

② 玉米面、黄豆粉用香油炒2～3分钟，使香味入料。

③ 玉米渣装入广口瓶内，倒入曲酒浸泡。

④ 把上述各料一起放在盆内，混合拌匀，装入食品塑料袋中，扎紧袋口。

（3）说明

钓鱼时，带些干面粉作黏合剂，与上述混合料揉捏均匀即可。该钓饵在气温比较高的夏秋季使用，效果非常好。

30. 腥味鲤鱼钓饵

（1）原料

豆饼粉 150 克，曲酒 100 毫升，麸皮 100 克，鱼骨粉 50 克，玉米面 200 克。

（2） 制法

① 把豆饼粉、麸皮、鱼骨粉放在一起，充分拌匀后，装入食品塑料袋备用。

② 使用前 6 小时，将曲酒倒入上述塑料袋内，并扎好袋口，使饵变软。

③ 用玉米面做成熟窝窝头，趁热掰开揉碎，与变软的豆饼粉等揉合，做成较软的面饵，

（3） 说明

使用时将面饵捏成小面饼装钩。

31. 多味鲤鱼钓饵

（1） 原料

桂皮 20 克，豆饼粉 400 克，味精少许，面粉 100 克，曲酒少许，香油少许。

（2） 制法

① 把桂皮剪成小块，用沸水泡成酱色茶汁备用。

② 把豆饼粉炒熟，淋上香油，拌入味精，出锅后喷上曲酒，密封备用。

（3） 说明

钓鱼时，豆饼粉与面粉用桂皮茶水搅拌均匀，揉捏成面团即成。

32. 水剂鲤鱼钓饵

（1） 原料

郁金香花（干品）30 克，蔗糖 30 克，香薷 30 克，优质曲酒 400 毫升。

（2） 制法

把郁金香、香薷粉碎，与蔗糖、曲酒一起装入小口瓶内，浸泡半个月即可。

（3）说明

外出钓鱼时，用小瓶装入少许上述浸泡液，使用时滴几滴在面食上作钓饵。

33. 特效鲤鱼钓饵

（1）原料

黄豆粉适量，蜂蜜适量。

（2）制法

把黄豆粉用文火炒出香味，晾凉后装瓶备用。

（3）说明

外出钓鱼时，用蜂蜜代水将黄豆粉调制成蜜丸，在养鱼塘钓鲤鱼，具有独特的效果。

34. 马铃薯鲤鱼钓饵

（1）原料

新鲜土豆 100 克，食用香蕉香精油少许。

（2）制法

将土豆煮熟，稍凉后切成约 7 毫米见方的小块，装瓶后滴入食用香蕉香精油即成。

35. 玉米浆鲤鱼钓饵

（1）原料

鲜玉米适量，豆饼粉适量，麦麸适量，面粉少许。

（2）制法

① 将新鲜嫩玉米粒用家用榨汁机榨出浆，装入瓶中备用。

② 分别将豆饼粉、麦麸炒出香味，装袋备用。

（3）说明

① 外出钓鱼前，将豆饼粉、麦麸用玉米浆拌匀，再加入少许面粉拌匀后，揉捏成面团即可装钩。

② 该钓饵不仅鲤鱼爱吃，鲫鱼、草鱼等鱼类也很感兴趣。

36. 稻谷鲤鱼钓饵

(1) 原料

细米糠30%,红酒糟20%,细麦麸30%,红薯10%,发芽稻谷10%,米粥适量。

(2) 制法

① 将米糠、麦麸混合后炒出香味备用;把红酒糟用食用油煸炒片刻,待香味四溢时起锅;红薯蒸熟研成泥备用。

② 把上述原料混合在一起,充分拌匀,即可配制成海竿的钓饵。

(3) 说明

① 配制海竿钓饵的关键是:捏成饵团所用的黏合剂——米粥的用量要适中。

② 该饵钓鲤鱼效果特佳,既能钓鱼,也可诱鱼。饵团化开后,色味形俱佳,也可用来钓草鱼。

37. 曲酒玉米鲤鱼钓饵

(1) 原料

鲜嫩玉米粒250克,茴香10克,细辛10克,丁香10克,八角10克,曲酒200毫升。

(2) 制法

将鲜嫩玉米粒、曲酒和4味中药一起放入洗净擦干的罐头瓶中,加盖封严。每隔1～2天摇晃1次,使之均匀,一周之后即可使用。

(3) 说明

该饵适宜海竿串钩远钓,在深水区域可钓到大鲤鱼,钓草鱼也很有效。

38. 混合鲤鱼钓饵

(1) 原料

玉米粉50%,米粉10%,面粉20%,黄豆粉10%,菜子饼粉10%,白糖适量,食盐适量。

（2）制法

将上述原料一起放入盆内拌匀，用开水冲泡，边倒水边用筷子搅拌，稍凉后用手揉匀即可。

（3）说明

选好钓点打好窝，待窝发后，根据该水域鱼的大小取用混合饵料，一般只需取黄豆般大的量，将其捏成豆圆形装钩即可垂钓。

39．麻籽粉鲤鱼钓饵

（1）原料

玉米面40%，麻籽粉30%，面粉30%。

（2）制法

① 把玉米面与面粉拌匀，再用温开水拌和，做成小窝窝头，上笼屉蒸熟，稍晾趁热掰开。

② 把麻籽粉炒熟后，撒入窝窝头里，反复糅和即成。

（3）说明

① 这种面食饵鲫鱼、鲤鱼都很爱吃。

② 若把麻籽粉掺入糟食中，可代替芝麻酱、香油和曲酒等原料，做成糟食后用作海竿炸弹钩钓饵，效果颇佳。

40．糟食鲤鱼面饵

（1）原料

碎豆饼350克，玉米面250克，曲酒适量。

（2）制法

① 将碎豆饼炒出香味，加入少许水拌匀并隔水蒸熟，同时蒸上1～2个由玉米面做成的窝窝头。

② 把豆饼和玉米面窝窝头搓碎拌匀，加入曲酒，揉捏成团即可。

（3）说明

① 该饵适用于海竿、炸弹钩、拉砣钩等钓鱼。

② 使用时将饵团捏成乒乓球大小，将钓钩埋在饵团里呈炸弹状，投

入水中后，糟食落底几分钟内便自行溶化开来，大鱼吞饵时连同钓钩一起吞入嘴内，因此最宜钓大鲤鱼。

③ 若在近水用小钩钓鲫鱼，面饵可捏成绿豆大小；若草窝钓鱼，面饵可捏成黄豆大小；水深钓大鱼，面饵宜捏成蚕豆大小；若甩大漂长线钓鱼，面饵宜做成红枣大小；若钓青虾，面饵中宜加入少许羊油为好。

41. 咖啡味鲤鱼钓饵

(1) 原料

咖啡粉100克，鸡蛋5个，胡椒粉50克，面粉100克。

(2) 制法

将咖啡、胡椒粉、面粉放入盆内，磕入鸡蛋清搅拌均匀，用手揉捏成团即成。装钩时，取黄豆大小即可。

42. 鲤鱼钓饵

(1) 原料

玉米面60克，面粉20克，蜂蜜10克，水少量，优质曲酒少许。

(2) 制法

把玉米面、面粉放在容器里拌匀，边倒开水边搅拌，拌匀后随即放入锅内蒸约5分钟，出锅晾凉至不烫手时，加入曲酒、蜂蜜用力揉匀即成。

(3) 说明

该钓饵黏性大，韧性好，耐水泡。蜂蜜也可用白糖水代替。

43. 淡香味草鱼钓饵

(1) 原料

郁金香花(干品)20克，醋精20毫升，香薷20克，曲酒50毫升，蔗糖30克，开水适量。

(2) 制法

① 分别将郁金香花、香薷粉碎并混合，与蔗糖一起放入保温瓶内，用开水冲泡，加盖焖一夜。

② 过滤上述浸泡液，去渣晾凉后，加入曲酒、醋精搅匀，分装入小口

瓶内。

（3）说明

① 钓鱼时，把80%麸皮、20%豆饼和玉米面混合，用上述混合液调拌成糟食，装炸弹钩用于海竿垂钓。

② 该饵不仅草鱼爱吃，鳊鱼也很爱吃。

44. 草鱼钓饵

（1）原料

稻谷200克，玉米粉30克，麸皮30克，面粉30克。

（2）制法

将稻谷炒熟后磨成粉，加入玉米粉、面粉和麸皮，用热水拌和，揉捏成拳头大小的面团即可。

45. 浮钓草鱼钓饵

（1）原料

厚西瓜皮一块。

（2）制法

将西瓜削掉外层硬皮，使瓜皮水分溢出，根据钓场鱼的大小（事先了解），将西瓜皮切成3～4毫米见方的小块。

（3）说明

该钓饵宜现用现做，时间不宜太长，否则会影响垂钓的效果。

46. 马铃薯草鱼钓饵

（1）原料

新鲜土豆100克，优质高粱酒少量。

（2）制法

将土豆煮熟，稍凉后切成约7毫米见方的小块装瓶，倒入高粱酒摇匀即可。

47. 麦粒草鱼钓饵

（1）原料

嫩麦粒100克。

（2）说明

① 采摘灌浆后的小麦，去掉外皮，即可直接装钩使用，不需任何加工，钓草鱼效果较佳。

② 把麦粒用水浸泡发胀，上锅煮至麦粒表皮稍裂开，用原汁浸泡待凉，再去掉原汁备用。

③ 如果有嫩玉米粒与麦粒同煮，两种香甜味混为一体，效果将会更佳。

④ 钓鲫鱼时一钩装一粒，钓草鱼、鲤鱼，应把钩身装满麦粒。

48. 玉米粒草鱼钓饵

（1）原料

老玉米粒500克，白醋25毫升，菜子饼50克，高度白酒100毫升。

（2）制法

① 将玉米粒用水浸泡10小时，用文火煮约1小时，放入菜子饼煮约半小时；加入白醋，再煮至玉米粒用手捏，感到既软又有弹性时为止，趁热倒入高度白酒，冷却即可。

（3）说明

① 应根据所钓不同的鱼种，调整醋或酒的用量。如以钓草鱼为主，应多加些醋；如以钓鲤鱼为主，宜多放些酒。

② 装饵时，可用伊势尼7号钩，每钩最好挂两粒，钩尖要有隐有露。

49. 两种草鱼钓饵

配方1

（1）原料

豆饼300克，麸皮150克，虾粉50克，面粉50克，水200毫升，颗粒饵料150克，食用香精少许。

（2）制法

将豆饼、麸皮、面粉、颗粒饵料、食用香精、虾粉放在盆内，加水拌匀、

揉匀即成。

（3）说明

配制该钓饵前，需将豆饼用水泡至发胀才可使用。

配方 2

（1）原料

虾粉 100 克，面粉 50 克，商品饵 200 克，麸皮 100 克，鱼粉 50 克，水 150 毫升。

（2）制法

将虾粉、商品饵、鱼粉、面粉、麸皮一起放入盆内，加水拌匀、揉匀即成。

50. 草莓味草鱼钓饵

（1）原料

玉米面 100 克，面粉 30 克，草莓酱少许，水少量。

（2）制法

将玉米面、面粉一起放在容器里拌匀，边倒开水边搅拌，拌匀后随即上笼蒸约 5 分钟，出锅晾凉至不烫手时，加入草莓酱，用力揉搓成团即成。

（3）说明

该钓饵黏性大，韧性好，耐水泡。不论底钓还是浮钓，草鱼、鳊鱼都爱吃。

51. 草鱼钓饵

（1）原料

植物饵：鲜嫩草、半熟马铃薯、嫩玉米粒、面团、粳米饭粒、玉米面、香蕉、苇芯、南瓜花、嫩青豆、桑椹、植物茎叶、嫩芽、菠菜、青菜绿叶。

动物饵：蟋蟀、油葫芦、蝗虫、蚱蜢、蚕蛹、蟑螂、蚯蚓、青虫、蝇蛆、蜻蜓等。

动植物混合饵：面包虫、面团；面粉、碎蛆、鱼粉；面团、碎蚯蚓、白糖。

(2) 说明

① 植物饵:鲜嫩草、半熟马铃薯、嫩玉米粒、面团、粳米饭粒、玉米面、香蕉、苇芯、南瓜花、青菜绿叶等均可直接装钩,用于浮钓效果较好。

② 动物饵:蟋蟀、油葫芦、蝗虫、蚱蜢、蚕蛹、蟑螂、蚯蚓、青虫、蝇蛆、蜻蜓等可直接装钩,不论用于底钓还是浮钓效果均较好。

③ 动植物混合饵:将面包虫剁碎,掺入面团中揉捏后使用,效果较佳。把面粉、碎蛆、鱼粉混合在一起作诱饵;把面团、碎蚯蚓、白糖混合在一起做诱饵,其效果都很好。

52. 马铃薯鳊鱼钓饵

(1) 原料

上好土豆250克。

(2) 制法

将土豆洗净放入锅内蒸熟,取出后放置2小时,待其质地变硬后,去皮切成约7毫米见方的丁,装入小瓶内,淋入少许香油即成。

(3) 说明

① 使用时,将土豆丁装在钩上即可。

② 该饵适宜大多数淡水鱼食性,钓鱼效果非常好。

53. 鳊鱼钓饵

(1) 原料

植物饵:玉米面、豆粉各50%,香精、酒、羊油少许;面粉80%、白糖20%;面粉、粳米饭、半熟地瓜、马铃薯块、嫩玉米粒;茎叶、嫩芽、菠菜、白菜、油菜、莴笋等蔬菜绿叶。

动物饵:活虾、蚯蚓、蝇蛆、生肥肉丁、红虫、蚂蚱、蟋蟀、竹叶虫等。

动植物混合饵:面包虫、面粉;面粉、蜂蜜、碎蛆、蚕蛹粉;面粉250克、鸡蛋1个、蜂蜜少许、食用香草香精少许;面粉、玉米面、黄豆粉各30%、红蚯蚓数条。

（2）说明

① 植物饵：把玉米面与豆粉混合后，加水蒸约 15 分钟，取出晾凉，然后加入香精、酒、羊油，揉捏至软硬适中即可。面粉用白糖水拌和，上锅蒸熟后加入少许油即成。面粉与粳米饭混合后，拌入半熟的地瓜和马铃薯粒、嫩玉米粒即成。植物的茎叶、嫩芽、菠菜、白菜、油菜、莴笋等蔬菜绿叶可直接挂钩使用。

② 动物性钓饵：活虾、蚯蚓、蝇蛆、生肥肉丁、红虫、蚂蚱、蟋蟀、竹叶虫等均是好钓饵，可直接挂钩垂钓。

③ 动植物混合钓饵：把面包虫剁碎，揉在面团中即成。面粉、蜂蜜、碎蛆、蚕蛹粉拌和在一起即可。面粉中加入鸡蛋、蜂蜜调匀，然后上笼蒸约 15 分钟，取出晾凉后，加入几滴食用香草香精，揉捏成柔软适中的面团即可。面粉、玉米面、炒熟的黄豆粉，用开水调和后，加入捣成糊状的蚯蚓，上笼蒸约 10 分钟后取出，揉捏成团使用，效果很好。

54. 罗非鱼钓饵

配方 1

（1）原料

商品饵 100 克，虾粉 50 克，水适量。

（2）制法

将商品饵与虾粉混合拌匀后，加水搅匀即可。

（3）说明

该钓饵要随用随配。

配方 2

（1）原料

冷冻猪肝粉 30 克，面粉 50 克，虾粉 20 克，水适量。

（2）制法

把猪肝粉、虾粉与面粉放入盆内，加水搅拌均匀后，用手揉捏成团即成。

（3）说明

该钓饵要随用随配。

55. 青鱼钓饵

（1）原料

植物饵：半熟或熟的地瓜、马铃薯（切成 1 厘米见方）；粳米饭、面团、混合饲料、面粉（用于炸弹钩）。

动物饵：鲜螺或螺肉、河蚌肉、蚯蚓、虾肉、大青虫、油葫芦、蟋蟀、蜗牛、蚕蛹等。

动植物混合饵：香味碎蚯蚓加面团；黄豆粉、富强粉各 40%，加蚕蛹粉 20% 混合均匀。

（2）说明

① 植物饵：垂钓时，地瓜、马铃薯可直接挂钩。把粳米饭、面团、混合饲料和面粉混合均匀，揉捏成团，适用于炸弹钩。

② 上述钓饵中，螺肉是钓青鱼的最佳钓饵。如果所钓水域中有青鱼，用螺肉专门钓之，有立竿见影的效果。

③ 根据具体情况选用或更换钓饵。

56. 水剂鲢鱼钓饵

（1）原料

豆汁 350 毫升，蒜泥 25 克，醋精 100 毫升，红糖 25 克，曲酒 25 毫升。

（2）制法

把豆汁、醋精、曲酒、蒜泥、红糖混合搅拌后，灌入小口瓶内，用力振摇后，即成为具有浓酸、微甜、略有淡臭味的鲢鱼钓饵水剂。

（3）说明

① 钓鱼前一天晚上，分别将豆饼、麸皮、玉米面做成窝窝头，再充分揉搓均匀即可。

② 使用时，500 克粉料用 300 毫升鲢鱼钓饵水剂，拌成软硬适度的半糟食，装飞钩用于海竿垂钓。

③ 豆汁可用煮沸的豆浆，装入容器内，放在阳台上晒几天，待其发酵变酸即成了豆汁。

57. 水剂鳙鱼钓饵

（1）原料

豆汁380毫升，蒜泥25克，醋精100毫升，红糖25克，曲酒20毫升，臭豆腐乳4块。

（2）制法

把豆汁、醋精、曲酒、蒜泥、红糖、臭豆腐乳放在盆内，混合拌匀后，倒入小口瓶内，用力振摇后，使之成为具有浓酸、微甜、略有淡臭味的鳙鱼钓饵水剂。

（3）说明

① 钓鱼前一天晚上，把豆饼、麸皮、玉米面混合，做成窝窝头，充分揉碎均匀即可。

② 使用时，500克粉料用300毫升鳙鱼钓饵水剂，拌成软硬适度的半糟食，装飞钩用于海竿垂钓。

③ 豆汁可用煮沸的豆浆，经发酵制成。

58. 酸味鲢鱼钓饵

（1）原料

面粉250克，开水适量。

（2）制法

① 面粉用温开水拌和，做成小馒头坯，上锅蒸20分钟，取出晾凉。

② 把蒸好的面团装入食品塑料袋内，扎紧袋口，以不透气为准，放在阴凉处发酵3～5天即可（在气温25～28℃时）。

（3）说明

这种发酵饵味道纯正，没有其他异味，鲢鱼爱吃。

59. 鲢、鳙鱼钓饵

(1) 原料

玉米面60克,面粉20克,阿魏粉少许,水少量。

(2) 制法

把玉米面与面粉拌匀,用开水和之,随即上笼蒸约5分钟,出锅晾凉至不烫手时,加入阿魏粉,并用力揉搓成团即成。

(3) 说明

该钓饵黏性大,韧性好,耐水泡。用半浮钓法能钓到鲢鱼和鳙鱼。

60. 黄颡鱼钓饵

(1) 原料

动物饵:蚯蚓、蝗虫、蟋蟀、蚱蜢、油葫芦、小虾、蚌肉、红虫、小活鱼、鸡鸭肠、青虫等。

(2) 说明

上述钓饵要求鲜活,垂钓效果好。

61. 翘嘴白钓饵

(1) 原料

植物饵:面团、粳米饭、麦粒、嫩玉米粒、蚕玉粉等。

动物饵:地老虎、虾、蝗虫、菜青虫、玉米螟、蚯蚓、蚕蛹、蚱蜢、小鱼、蝼蛄、蛆虫、蟑螂、油葫芦、蟋蟀、飞蛾。

(2) 说明

① 植物饵的垂钓效果,均不如动物性钓饵的效果好。

② 动物钓饵宜用鲜活动物,效果将会更好。

62. 黑鱼钓饵

(1) 原料

蚯蚓、小鱼、小泥鳅、小鲦鱼、黄鳝段、小鲤鱼、小鲫鱼、河虾、小鼠等。

(2) 说明

上述饵料要求鲜活,垂钓效果才会更好。

63. 甲鱼钓饵

（1） 原料

猪肝、蚯蚓、蚱蜢、水蛙、黄鳝段、猪牛瘦肉、泥鳅段等。

（2） 说明

上述原料要新鲜，其中以猪肝的垂钓效果最好。

64. 鳜鱼钓饵

（1） 原料

小鱼、小虾、大蚯蚓、小泥鳅、蚱蜢等，

（2） 说明

以上钓饵均要用鲜活的，鳜鱼一般不吃死饵。

65. 杂鱼钓饵

配方 1

（1） 原料

优质粳米饭适量，穿山甲粉适量。

（2） 制法

将粳米饭捣成糊状，掺入穿山甲粉，加入少许水，揉捏至软硬适度即可。

（3） 说明

① 该钓饵适宜钓荤、素饵都吃的杂鱼。

② 穿山甲粉中药店有售。

配方 2

（1） 原料

活麻雀 2 只，优质粳米饭适量。

（2） 制法

① 将麻雀干拔毛，开膛除去肠，摘去苦胆，再切成块，放在瓦片上用微火焙干，研成末，装瓶备用。

② 把粳米饭捣成糊状，掺入适量雀粉搅拌均匀，再加入少许水揉捏

至软硬适度即可。

（3）说明

该钓饵原料简单，制作容易。适宜垂钓荤、素饵都吃的杂鱼。